I0212255

Florece Desde El Dolor

Manifiesta el futuro que sueñas..

Margarita Arreola

Copyright 2021 © by Margarita Arreola

Todos los derechos reservados

*Ninguna parte de este libro podrá ser reproducida,
transmitida o distribuida
de ninguna forma y por ningún motivo, incluyendo
fotocopiado, audiograbado
u otros métodos electrónicos o mecánicos, sin la
autorización previa del autor;
excepto para el uso de pequeñas reseñas y ciertos otros
usos no comerciales
permitidos por la ley Copyright Act of 1976.*

Título: *Florece Desde El Dolor*
Sub-título: *Manifiesta el futuro que sueñas...*

ISBN # 978-17362871-49

Para cualquier solicitud, escribe a

*Email: margaritaarreolapnl@gmail.com
Facebook:
https://www.facebook.com/chikis.arreola.12*

Primera Edición

Impreso en USA

Agradecimientos

Al Creador, por permitirme conectar con mi
espiritualidad

dándome el valor para cambiar las cosas que puedo

y sabiduría para reconocer las que no.

A mis padres,

porque gracias a los aprendizajes

hoy puedo conocerme y conocer mi potencial.

A mis amistades, que siempre han creído en mí,

y me han mostrado una Margarita que no conocía.

A mis hijos, por ser mi inspiración

para atreverme a romper patrones

e inspirarles a creer que los sueños son posibles...

Dedicatoria

Este libro está dedicado a todas las personas

que puedan verse reflejadas a través de mis vivencias...

A todas las mujeres que ha olvidado, o que simplemente
no creen en el amor propio...

A quienes no tienen esperanza...

A aquellas que han perdido la capacidad de confiar...

A las que están dominadas por sus miedos...

¡Perdón, Crecimiento, Libertad!

CONTENTS

Presentación

Mi nombre es María Margarita Arreola Campos, pero para mis personas cercanas y queridas, soy simplemente "Chikis". Al igual que tú, he comprobado en carne y hueso que la vida no es un camino fácil, que hay momentos en los que nos sentimos a prueba, y no nos creemos capaces de salir adelante; sin embargo, también sé que a pesar de las adversidades, las dificultades y las tragedias, hay momentos, situaciones, lugares y personas que vale la pena disfrutar, aunque a veces no lo creamos así.

Después de haber experimentado tantas cosas, hoy me atrevo a decir que la vida es como un camino de rosas: si nos sentimos pequeños, si nos arrastramos, o si caminamos cabizbajos mirando al suelo, sólo veremos espinas a nuestro alrededor. En cambio, si levantamos la mirada, podremos ver la luz estallando en colores en cada pétalo, y si nos acercamos lo suficiente, lograremos sentir su tersa suavidad acompañando nuestro andar, percibiendo el aroma fragante que emanan.

No te voy a engañar: lamentablemente, el sufrimiento es una parte importante de nuestras vidas; incluso, podríamos decir que es inevitable: desde que venimos al mundo, cada paso en nuestro crecimiento viene acompañado de algún tipo de dolor, pero hay que recordar que lo realmente importante es la forma como respondemos y nos sobreponemos a ese dolor; es por eso que he decidido compartirte mis experiencias y aprendizajes.

Mi intención no es aleccionarte; mucho menos asustarte o hablarte de mí misma como un ejemplo a seguir; sólo deseo que mi experiencia te ayude a tomar mejores decisiones, fortalezca tu autoestima y amplíe tu consciencia de que todos merecemos tener la mejor vida posible.

Comprender nuestro universo emocional y sentimental puede ser difícil, sobre todo si has crecido en un ambiente en el que está mal visto expresar lo que se siente...

Si de alguna manera percibes que estas palabras resuenan contigo, te invito a que continúes leyendo cada una de las siguientes páginas; acompáñame en este recorrido por los procesos de mi vida, que con mucho cariño y mi mejor intención, comparto contigo.

Con todo mi afecto

Chikis

1. Mis primeros recuerdos

*"Cuando conectas con tu escencia,
la vida adquiere sentido"*

Margarita Arreola

Alguna vez te has detenido a pensar por qué algunas personas adultas le temen a la oscuridad, a las alturas, a los espacios cerrados, a algún animal, o tienen algún tipo de fobia que ante los ojos de los demás resulta incomprensible? ¿Acaso sufres tú de algún tipo de miedo, del cual desconoces su origen?

Tal vez has notado que hay algunas situaciones que tiendes a evitar porque sientes que te incomodan de alguna manera, y por eso les huyes, o reaccionas ante ellas de una manera desproporcionada.

A mí por ejemplo, me sucede que no tolero el calor. No es una fobia, ni tampoco es algo a lo que le tenga miedo, pero sí me produce una molestia terrible; nunca me ha gustado, y me siento muy incómoda cuando estoy en un lugar donde la temperatura es alta. Puedo llegar a ponerme de muy mal humor y sentirme bastante irritable en un ambiente caluroso; ¡me desespera!

Esto había sido siempre una parte "normal" de mi personalidad, o al menos, así lo había interpretado; no fue sino hasta mi adultez que descubrí cuál era la razón de ese rechazo a los ambientes calurosos, y eso sólo fue posible luego de varios procesos que me permitieron explorarme a mí misma y profundizar en mi autoconocimiento,

Si nos ponemos a pensar, haciendo un ejercicio de concentración e introspección, cuáles son nuestros primeros recuerdos, probablemente se nos vengan a la cabeza algunos sonidos particulares... imágenes... sensaciones... situaciones de cuando teníamos alrededor de 6 o 7 años: puede ser algún juguete que tuvimos, algo que vimos en la televisión, algo que nos asustó mucho, o sencillamente la textura de alguna colcha con la que alguna vez nos cobijaron.

El caso es que mucho antes que todos esos recuerdos se formaran en nuestra consciencia, ya nuestra vida estaba sucediendo, y nuestro cerebro estaba almacenando toda la información que llegaba a nosotros en forma de estímulos, sólo que aún no contábamos con la capacidad de entenderlos y archivarlos como recuerdos conscientes. Es lo que ocurre, por ejemplo, con todas las circunstancias que nos rodearon mientras estábamos en el vientre materno; no las recordamos, pero te puedo asegurar que aun en el presente, están afectando nuestra vida, para bien o para mal.

La Programación Neurolingüística o PNL es una excelente herramienta que me ha ayudado a sanar, a comprender y a aprender de mis experiencias, transformando los recuerdos negativos en verdaderas lecciones de vida. A través de esta disciplina he conseguido entenderme a mí misma de muchas maneras, a lidiar con comportamientos dañinos, y lo más importante, a desbloquear trabas emocionales que desconocía y que afectaban mi vida día a día.

Una de las experiencias que viví durante este proceso fue una hipnosis regresiva; consiste en hacer que alguien vaya a un punto de su pasado y reviva ciertos recuerdos, pero desde un estado de relajación y guiado por un especialista que se encarga de que esto se lleve a cabo de manera segura y controlada.

Para ser sincera, no esperaba encontrar recuerdos tan lúcidos y nítidos de cuando era casi una bebé, pero al llegar allí, muchas cosas cobraron sentido...

Yo crecí en un pueblo pequeño, humilde y caluroso, con costumbres y creencias propias de la gente de provincia; en ese lugar las casitas eran de madera, y muchos de los patios eran de tierra, piedritas y arena. Como es normal en esos lugares, la gente siempre tenía algún tipo de cura o remedio para todo lo que ellos percibían como "males"; algunos pueden resultar hasta cómicos, otros incluso funcionan, pero también pueden resultar bien peligrosos, como el que me aplicaron a mí...

Yo estaba bien chiquita; creo que no tendría más de un año y medio, y en ese momento ni siquiera tenía suficiente cabello como para que me cubriera toda la cabeza; los adultos pensaban que yo estaba tardando mucho en aprender a caminar, así que decidieron hacer lo que ellos creían indicado según las viejas creencias, para "ayudarme" a dar mis primeros pasos: un día en que hacia bastante calor, decidieron encuerarme y sentarme sobre un hormiguero caliente.

7

Sí, así como lo estás leyendo: una bebita sin ropa y totalmente vulnerable, sentada sobre un hormiguero efervescente, y por supuesto llorando a mares, porque ni siquiera comprendía lo que estaba sucediendo ni tampoco podía hacer nada al respecto. A esa edad nuestra mente está concentrada en explorar el mundo y absorber todas las experiencias que se nos presentan, pero también habitamos un cuerpo que es muy frágil y que no va a la misma velocidad; por eso es tan necesario contar con unos padres y familiares responsables y amorosos, sobre todo a tan corta edad.

Cuando en medio de mi hipnosis regresiva, me vi a mí misma como esa niña llorona, chiquitita, morena, con tan poquito pelo y sin nada de ropa, sentada sobre una pila de tierra ardiente, con la sensación de calor y ardor agobiándola, y el cosquilleo de todas esas hormigas recorriendo mis piernitas y picándome la piel, entendí por qué cuando me siento acalorada me pongo molesta e irritable: ese es mi mecanismo de defensa para sentir que tengo control de la situación, en compensación a aquella vez, cuando no lo pude hacer.

Ese evento no estaba registrado en mi mente de manera consciente, pero la incomodidad que me generó estuvo acompañándome durante toda mi vida, al igual que la sensación de abandono, miedo y soledad que sufrí durante mi infancia; esa terrible experiencia me convirtió en una niña sumisa, sin autoestima, capaz de actuar de manera contraproducente hacia mí misma.

Me tomó bastante tiempo y experiencias descubrir mi valor propio y todo lo que tengo para ofrecer al mundo.

Ya sea que hayamos sido víctimas de personas con malas intenciones, o que nos hayan ocurrido cosas de manera accidental, todo lo que vivimos nos afecta de alguna manera; a medida que nos vamos haciendo adultos, aprendemos a manejar nuestras emociones y obtenemos mejores herramientas para entender las cosas que suceden, tanto dentro como fuera de nosotros mismos, y en consecuencia, podemos responder mejor.

El conflicto surge cuando hemos sido afectados de manera inconsciente, cuando aún carecemos de la madurez necesaria para comprender los hechos; cada acontecimiento que no hayamos podido comprender, sea bueno o malo, va a afectar nuestro desarrollo y a moldearnos como personas.

Nadie escapa de esto; por ello es importante tomar conciencia de los factores que nos puedan afectar a nivel del inconsciente y comenzar procesos de sanación, entendimiento y perdón hacia los demás, pero también para reflexionar acerca de cómo cada una de nuestras acciones afectan la vida de los demás, en especial la de los niños.

El perdón no es ignorar lo que se siente para que no duela; eso no sirve de nada, porque tarde o temprano el dolor va a resurgir y tal vez con más fuerza. Perdonar es el resultado de lograr comprender el trasfondo de las situaciones que nos han lastimado, intentando mirar las cosas desde otra perspectiva.

Ahora sé que, aunque fue un método muy cruel, quienes me pusieron sobre aquel hormiguero lo hicieron movidos por el deseo de ayudarme; si bien estaban equivocados, su intención era positiva, y sólo estaban haciendo lo que ellos a su vez aprendieron de sus mayores.

Por eso es fundamental informarnos y aprovechar los recursos de nuestro tiempo, para ofrecer a nuestros hijos un panorama mucho más claro, basado en el conocimiento y la experiencia.

En cuanto a mí, aún prefiero el clima fresco; sin embargo, ahora que he comprendido el porqué de mi rechazo al calor, al menos he podido llegar a tolerarlo.

2. Mi infancia con mi madre

"El amor es incondicional: amas por elección"

Margarita Arreola

Mi relación con mi madre siempre fue muy complicada; muchas veces he pensado que ella nunca entendió lo que significaba ser mamá, y que tal vez por eso me hizo tanto daño. Me tomó mucho tiempo superar ese dolor, y la verdad es que no sé si lo he logrado por completo, pero al menos puedo decir que estoy en el proceso de sanar todas esas heridas.

Antes de tenerme a mí, mi mamá había tenido un niño en su primer matrimonio, pero luego no lo quiso y se lo dio a mi abuela para que lo criara. Mi abuela se fue con mi hermanito para Baja California, y mi mamá se quedó sola en Michoacán, buscando trabajo.

Ella me concibió mientras trabajaba como sirvienta de una casa en Michoacán; soy el fruto de una relación que mi madre tuvo con su patrón. Según me cuentan, mi padre era un hombre de negocios que viajaba mucho a los Estados Unidos; él le prometió a mamá que al regresar a México se casaría con ella, pero eso nunca sucedió.

Por supuesto, cuando la mujer del patrón se dio cuenta de que mi madre estaba embarazada, la echó de la casa; así comenzó el suplicio de enfrentar un embarazo sin recursos económicos para cubrir siquiera lo más básico. Una barriga cada vez más prominente le dificultaba conseguir trabajo, pero ella tenía que buscar alguna manera de sobrevivir y poder traer al mundo a la criatura que crecía en su vientre.

Un día en que iba caminando por la calle, comenzó a sentir los dolores de parto; por fortuna, una mujer que iba pasando a su lado en ese momento se percató de la situación y decidió ayudarla: como pudo la metió en su casa, y fue así como vine al mundo bajo el cobijo de unos desconocidos.

Cuando yo tenía apenas quince días de haber nacido, mi madre se juntó con su actual esposo; al poco tiempo mi padre regresó de los Estados Unidos para casarse con ella, pero se encontró con esa sorpresa; él quería hacer las cosas bien, darnos una vida buena a mi madre y a mí, pero ella no se lo permitió; ni siquiera quiso que él me viera ni se hiciera cargo de mí.

Pasé mis primeros años en la misma casa donde vivía también la hija del hombre con el que se juntó mi madre; ella tendría unos diez años cuando yo nací, y mi mamá comenzó a entrenarla para que se encargara de mí: me cambiaba los pañales, me hacía la comida, limpiaba la casa y hacía todas las labores del hogar, como si fuese su sirvienta personal.

Por si fuera poco, también la maltrataba mucho; yo tendría apenas unos cinco o seis añitos, pero recuerdo claramente cómo le gritaba, la insultaba, e incluso la golpeaba; ver esas situaciones me asustaba mucho, y quizás por eso siguen nítidamente grabadas en mi mente.

Mi madre y su nuevo marido tuvieron otros hijos después de mí: dos varoncitos que nacieron seguiditos uno del otro, y por supuesto, todas las atenciones se centraron en ellos. Recuerdo que ese señor me despreciaba mucho; cuando le preguntaban:

-Oye... y tú, ¿cuántos hijos tienes? - él siempre respondía:

-Tengo tres, y esa es mi entrenada.

Se refería a mí como *su entrenada,* y mi madre nunca me defendió; nunca le exigió que me respetara, o que al menos me tratara como una niña. Al contrario, se lo permitía, porque ella también tenía *entrenada* a la hija de él; esa pobre niña y yo nos convertimos en las sirvientas de la casa.

Cuando nacieron mis hermanitos, yo aún estaba pequeñita, pero ya a los seis años me obligaron a mí a encargarme de ellos: yo era las que le daba los biberones, les cambiaba sus pañalitos y le ponía orden y limpieza a la casa donde vivíamos; esto último sí lo hacía junto a "Patito", como yo le decía a Patricia, la hija del marido de mi mamá, que ya era una mujercita en ese entonces.

Una de las cosas más espeluznantes que recuerdo fue la vez que corrieron a Patito de la casa; mi mamá hizo un espectáculo horroroso, insultando y golpeando a la pobre muchacha, quien no hacía más que llorar; cuando su papá se dio cuenta de la situación, en lugar de defenderla, le dijo que se fuera de la casa... de *su* casa.

No me imagino cómo debió sentirse ella en ese momento; triste, desolada, confundida... Ella estaba paralizada, sin saber qué hacer, así que mi madre la agarró por los cabellos y la arrastró afuera. Lo más terrible de ese episodio no fue ver la violencia y la crueldad que tuvieron mi madre y su esposo con Patito; la verdad es que ese día yo lo recuerdo como el comienzo del verdadero calvario para mí, porque con Patito fuera de casa, a mí me tocó soportar todo lo que antes padecía Patricia.

Lo que vino de ahí en adelante fue un verdadero infierno; mi madre y su marido me robaron la infancia; eso fue exactamente lo que hicieron. Yo ni siquiera iba al kínder cuando ya estaba ocupándome de todas las cosas que había por hacer en la casa; incluso me ponían a hacer la comida de los adultos y limpiar los baños. Mi madre salía desde la mañana, y la verdad es que nunca supe a dónde iba; a veces salía con su marido y otras veces lo hacía sola, pero siempre era a mí a la que dejaban cuidando a los niños.

Otra de las cosas que no soporto es la leche en polvo; siento demasiado asco y repugnancia solo de verla, y soy capaz hasta de vomitar si la huelo.

Yo no sabía muy bien por qué me pasaba esto, hasta que recordé un episodio cruel, de los tantos que tuve de niña: una de las cosas que tenía que hacer cada día era prepararles los biberones a mis hermanitos; recuerdo que tenía que ponerle dos cucharadas de la fórmula a cada onza de agua. En ese momento, a mis escasos 6 añitos, por supuesto que también me gustaba la leche en polvo y me daba curiosidad probarla, así que después de hacer los biberones, tomé una cucharada de la leche y me la aventé en la boca.

Yo no sabía que mi madre me estaba viendo; lo siguiente que recuerdo es el bofetón que me dio, creo que hasta me rompió la boca. Mientras yo lloraba, mi mamá no paraba de insultarme por haberme comido una cucharada de la leche de los niños; desde ese día no soporto ni siquiera el olor de esas fórmulas para bebés.

Toda la gente que conozco tiene recuerdos de su infancia: fotografías, juguetes, ropita o cosas por el estilo, que reflejan la dedicación y ternura de sus padres; yo no tengo nada de eso; de mi niñez sólo conservo una pesada colección de recuerdos tristes. En aquella casa, yo era peor que una mascota, porque a los animalitos al menos se les da afecto y se les respeta.

Mi mamá y mi padrastro siempre les compraban a los niños cosas nuevas, ropita y zapatos buenos, y siempre estaban arregladitos; el esposo de mi madre tenía buen dinero y a ellos nunca les faltó nada; en cambio, como yo era su *entrenadita*, era como una mini sirvienta: me compraban zapatos de hule y me ponían ropita vieja, desgastada y con hoyos. A mí me daba mucha vergüenza y me hacía sentir muy tiste, sobre todo cuando veía a mis hermanitos tan bonitos y limpios. Tampoco se esmeraban en mi higiene; siempre andaba despeinada y hasta sucia; era como si de alguna manera ellos disfrutaran al verme así, con esa imagen harapienta que encajaba en su idea de cómo debía lucir la sirvienta de la casa.

Si alguna vez has visto una telenovela, pensarás que estas cosas tan violentas y crueles sólo pasan en el mundo de la ficción, en el cine o en la televisión, pero la verdad es que la vida real puede ser mucho peor, mucho más inhumana, desalmada y dolorosa, y esto lo digo con toda propiedad, porque yo sufrí muchas cosas horribles siendo tan solo una niña, y lo peor es que todo ocurrió en el seno de mi familia, donde debía sentirme más segura, amada y protegida.

Cuando pienso que esta historia se puede estar repitiendo ahora mismo, en cualquier hogar, siento mucho dolor... ¿Cuántos niños pierden su infancia por culpa de unos padres irresponsables y violentos que tal vez nunca quisieron esa responsabilidad, y fue algo que sencillamente les tocó...?

Mi madre nunca me trató como su hija, sino más bien como una propiedad. No hacía falta que yo hiciera algo que para ella fuera malo o incorrecto: simplemente, descargaba toda su rabia sobre mí; me gritaba cosas horribles, me insultaba y me golpeaba con lo primero que encontraba: a veces lo hacía con su mano, pero recuerdo que también me llegó a pegar con zapatos, cables, gomas, cinturones, y hasta piedras me llegó a lanzar.

Si alguien más la hacía molestar, su furia se dirigía a mí. Uno nunca se acostumbra a esas cosas, porque duelen mucho, pero de alguna manera yo ya sabía lo que se me venía cada día, porque esto pasaba casi a diario; de hecho, cuando no sucedía nada violento en casa, era casi como un milagro; ni siquiera podría decir que era un descanso, porque igual me pasaba todo el día asustada y ansiosa, pensando en lo que podía ocurrir de un momento a otro.

No sólo me trataban como a un animalito, sino que también me sentía como uno; una de las cosas más importantes que una madre les da a sus hijos es la sensación de que existen, al decir sus nombres, al mirarlos a los ojos cuando los amantan, o sencillamente al sostenerlos en sus brazos donde ellos puedan sentir los latidos de su corazón; esa conexión es única e irremplazable.

Yo no tuve nada de eso; ni siquiera tuve un nombre hasta los seis años. Sólo se dirigían a mí para ordenarme hacer algo o para insultarme, al punto que si yo escuchaba algún improperio o grosería, inmediatamente pensaba que estaban hablando conmigo.

Sólo siendo adulta pude darme cuenta de todo eso, porque para poder soportar tanto dolor yo entraba en una especie de trance. No pensaba; simplemente hacía lo que tenía que hacer, lo que me ordenaban, soportando toda la violencia física, verbal y emocional a la que me sometían mi madre y su esposo todos los días, minuto a minuto.

En la actualidad se habla mucho de autoestima, pero esto no es algo que se obtenga de la noche a la mañana, sino que más bien es el resultado de algo mucho más sutil que casi nadie menciona, y es el autoconcepto. Nadie puede tener autoestima si no está convencido de su propio valor, de que es digno de amor y respeto, y eso lo aprendemos de nuestros padres, porque cuando somos niños, vemos el mundo y a nosotros mismos de acuerdo a como ellos nos lo muestran.

Hoy por hoy, estoy convencida de que no hay mayor conocimiento ni mayor tesoro que brindarles a nuestros hijos que darles todo el amor y la valoración que merecen, para que de ese modo comprendan que son únicos, que son capaces de lograr cualquier cosa que se propongan y que merecen ser felices, sin importar lo que decidan hacer en sus vidas.

Esa semilla se siembra desde el primer momento en nuestra consciencia, y es lo que hace la diferencia entre las personas realizadas y aquellas que, por más que lo intentan, no consiguen su lugar en el mundo.

Si quieres que tus hijos triunfen, pero sobre todo si deseas verlos felices en cualquier momento y circunstancia, sólo tienes que darles todo el amor posible. Ellos harán el resto.

3. Arrio-la Vaca

"Mirar el lado positivo de las cosas,
te hará capaz
de tomar las riendas de tu vida"

Margarita Arreola

- ¡*Arrio-la Vaca*! ¡*Arrio-la Vaca*! ¡*Arrio-la Vaca*!

Así gritaba mi madre cada cierto tiempo, y yo sabía que era la señal para esconderme: me metía debajo de la ropa, debajo de la cama o dentro del armario.

Arrio-la Vaca no era otra cosa que mi padre... mi verdadero papá. Él venía a buscarme, siempre procuraba verme, pero mi madre nunca dejaba que se acercara a mí. Recuerdo que lo veía, escondidita desde donde estaba: él llegaba en coches bien bonitos, nuevos y brillantes; perdí la cuenta de las innumerables veces que intentó acercarse a mí, pero mamá siempre salía como una fiera, a la defensiva, y lo insultaba como lo hacía conmigo.

Mi papá siempre se comportó como un caballero, a pesar de todo lo que le decía y le hacía mi madre; cada vez que venía, preguntaba por mí y me llevaba regalos.

En una ocasión, él llegó y le preguntó a mi mamá por mí, pero ella le respondió que no le iba a permitir verme, así que él le entregó un dinero para mis cosas. Acto seguido, mi mamá tomó el dinero y se lo aventó en la cara; recuerdo todos esos billetes flotando alrededor de él, y mi mamá insultándolo, diciéndole que se llevara su dinero.

Él le insistía en que lo tomara, que era para mis cosas, pero ella se negaba... ¡y yo con mis ropitas todas harapientas!

La segunda vez, mi papá llevó una valija y se la entregó a mi madre en el frente de la casa; ella no la quiso recibir, pero él la dejó allí y se fue.

Cuando mi mamá la abrió, estaba llena de vestiditos para mí; lo supe por el tamaño... ¡eran preciosos!

Desde mi escondite, vi que ella guardó nuevamente los vestidos y metió la valija a la casa; yo me emocioné pensando que por fin iba a poder usar ropa nueva, y que además, era un regalo de mi papá.

Mamá se llevó la valija al patio trasero; comenzó a sacar los vestidos uno a uno y los fue acomodando en una pila. Yo no entendía lo que hacía, pero cuando traté de acercarme, ella me insultó y me empujó, lanzándome lejos.

Cuando ya tenía todos los vestiditos amontonados en una pila, les echo un líquido y prendió una fogata con ellos; yo nunca había visto un fuego tan grande hasta ese momento, y recuerdo que tuve una sensación como de miedo mezclado con dolor; no podría definirlo hoy, y mucho menos en aquel entonces, cuando era tan chiquitita, pero recuerdo bien claro que no podía dejar de llorar, y que me sentía abrumadoramente sola y asustada. Era como estar en medio de una película de terror.

Cada vez que mi padre venía a la casa, mi padrastro se encerraba en alguna de las habitaciones o se iba al patio trasero hasta que el visitante se iba. Luego de eso, comenzaban los gritos con mi madre; yo pasaba mucho tiempo escondida, hasta que me llamaban para hacer algún mandado, o sencillamente para gritarme a mí también, aunque yo no tuviese la culpa de nada, como si sólo por existir fuese la responsable de todas sus desgracias.

El recuerdo de mi padre se diluye en mi memoria como una silueta lejana, pues así era como lo veía desde mis escondites; él siempre buscó la manera de hacer sentir su presencia y hacerse responsable de mí, a pesar de que mi madre se lo impidió de todas las maneras. Aunque él vivía en los Estados Unidos, cada vez que iba a México me buscaba y me llevaba regalos, pero tal y como sucedió con los vestidos, mamá nunca permitió que yo tuviera algo de él.

Una de las cosas más importantes que conservo de mi padre, y la que creo es la mejor muestra de su compromiso hacia mí, es mi nombre. Mi padre no sólo me reconoció y me dio su apellido, sino que también fue él quien decidió que yo me llamara María Margarita, y me dejó asentada ante el registro civil. Para mí, ese fue un gesto muy valiente y habla mucho de su carácter, su compromiso y su afecto hacia a mí; a pesar de estar casado, y de tener que enfrentarse a la rabia de mi madre, él con mucho orgullo me llevó a ese lugar y me puso el nombre que hoy llevo, así como su apellido. Algo de esa magnitud no lo hace cualquier hombre; cuando lo supe, me sentí un poco más amada y menos sola en el mundo.

Esto me lo contó mi madrina de bautizo, una buena amiga de mi papá que siempre trató de que el vínculo entre él y yo no se rompiera; aunque ella no estaba en el mismo pueblo en el que yo vivía, siempre buscaba la manera de estar en contacto conmigo y de mantenerlo a él al tanto de todos mis asuntos.

Esa presencia que trató de mantener mi padre en mi vida, aunque limitada y mínima, fue muy importante para mí; ahora desde la adultez, veo que ese destello minúsculo fue mi sostén en muchos momentos en los que me sentía absolutamente sola y desdichada.

La presencia latente de mi padre, el hecho de saber que yo le importaba genuinamente a alguien en el mundo, pero no para hacer mandados ni para descargar sus rabias en mí, sino porque sentía hacia mí afecto, cariño y la necesidad de protegerme de alguna manera, fue el chispazo que me detuvo de cometer algunas cosas horribles a las que me sentí tentada más adelante en mi vida.

La madre y la figura materna no siempre son la misma persona; esto puede parecer extraño a primera vista, e incluso a mí me tomó un poco de tiempo comprenderlo.

En mi caso particular, era difícil ver como una madre verdadera a quien sólo me maltrataba y me veía como una especie de mascota o sirvienta, no como a su propia hija; sin embargo, todos necesitamos referentes paternos para el desarrollo de nuestra personalidad, y por eso yo tuve que ir moldeando una figura materna a mi medida durante el transcurso de los años, valiéndome de distintas personas que se cruzaron en mi camino.

Según la psicología, el vínculo afectivo con la madre es de suma importancia para el desarrollo de un ser humano próspero y saludable. Una madre provee alimento, amor y seguridad, y esas conexiones se establecen desde el nacimiento, aunque hay quienes afirman que esos lazos comienzan mucho antes, casi desde la concepción. Se dice que la base fundamental de la autoestima es la mirada de la madre al niño; esa primera comunicación entre ambos genera un lenguaje sutil donde el bebé entiende que sus acciones tienen una reacción en los demás, como un espejo. Son esos estímulos los que le hacen sentir que existe, y la carencia de ellos le puede ocasionar problemas de conducta y autoestima.

Yo no sabría decir si mi mamá me odiaba, si resentía mi presencia en su vida o si sencillamente no contaba con las herramientas emocionales para hacerse cargo de sus hijos, en especial de mí; lo que sí sé es que cada una de sus acciones me causó profundas heridas tanto físicas como emocionales cuyas consecuencias se han prolongado hasta mi adultez, cuando con mucha ayuda pude finalmente identificarlas y sanar.

Todos esos vacíos afectivos y esas muestras de violencia destrozaron mi autoestima; eso fue algo que apenas vine a descubrir en mi adolescencia.

Uno de los primeros esbozos que tuve de alguien como figura materna fue mi madrina de bautizo; ella se esforzó mucho para mantener viva la presencia de mi padre en mí, y gracias a sus pequeños pero valiosos gestos, yo pude experimentar un poquito de seguridad; incluso, podría decir que de esperanza.

Otra importante mujer que complementó en mí a la figura materna, sobre todo cuando yo estaba muy pequeña, fue Doña Pachita, una vecina de donde nosotros vivíamos que, por alguna razón, le inspiraba mucho respeto a mi madre. Yo me percaté de esto, y cada vez que ella me amenazaba con golpearme con lo que fuera que tuviera mano, yo corría a donde Pachita y me escondía detrás de ella.

No recuerdo si Pachita le decía algo a mi madre, o si sólo se quedaba parada defendiéndome en silencio; lo que sí sé es que cuando mamá la veía, ahí mismo se le bajaba la rabia y se iba como derrotada. Yo, asustada, me quedaba un buen rato con mi heroína, acompañándola a hacer algunos oficios de su casa; con ella aprendí a hacer quesos con leche de vaca, pues aunque era un trabajo, me parecía muy divertido, pues se sentía como una especie de juego. Además, Doña Pachita me permitía probar un poco, y eso me hacía sentir como si estuviera en una verdadera familia.

Con ella también aprendí también a lavar muy bien los pisos; ella era muy estricta con eso, pero sin embargo me enseñó a hacerlo con mucho amor, sin ser violenta ni agresiva conmigo en ningún momento. Realmente aprecio que me haya enseñado tantas cosas útiles para la vida, que me sirvieron mucho para hacerme valer por mí misma y para tener unos pequeños cimientos de confianza y credibilidad en mí.

Entre otras cosas, Doña Pachita me enseñó a moler masa, y a mí me gustaba que quedara bien fina y suave, pues desde pequeña me he esmerado porque las cosas queden muy bien hechas; supongo que soy un poco maniática con la perfección. Como ella veía que a mí me gustaba todo bien molidito, una vez me puso a hacer el chile en el metate, y recuerdo que cuando lo vio quedó sorprendida y maravillada; aun puedo ver con total claridad sus ojos y su expresión de satisfacción.

No sólo me felicitó por como yo había dejado de chile, sino que fue y les contó a algunos vecinos sobre mi hazaña; desde entonces, cada vez que yo le preguntaba a Doña Pachita si tenía chile para moler, ella me respondía que sí, y les decía a los vecinos:

- ¡Margarita va a hacer el chile! –

Todos se acercaban a esperar a que yo lo preparara; esa sensación de sentirme útil y apreciada fue muy importante en mi vida; por eso estoy tan agradecida por la presencia de Doña Pachita en mi infancia; estoy segura que de no haber estado ella presente, la poca autoestima que pude ganar durante aquellos años hubiese sido totalmente inexistente.

4. La pequeña adulta

"El conocimiento te hace libre,
y la práctica lo hace posible"

Margarita Arreola

Comenzar el kínder significa un montón de cosas en la vida de un niño: su círculo social se amplía, aprende nuevas habilidades, comienza su camino a convertirse en una persona independiente, descubrirá qué tan amplio puede ser el mundo.

¡Recuerdo que me ilusionaba tanto la idea de comenzar la escuela! Pensaba que me comprarían alguna ropita nueva, y que por fin podría jugar como lo hacían los otros niños, pero no fue así: mi madre y mi padrastro decidieron que no me iban a inscribir en el kínder cuando me correspondía, pues de esa manera los podría ayudar otro año más con los oficios de la casa y cuidando a mis hermanos.

No sé en qué trabajaba el marido de mi madre; él salía todo el día y mi madre a veces se iba con él desde tempranito; en otras ocasiones esperaba a que él saliera y luego ella se iba a la calle por su cuenta. Yo me quedaba encargada de los niños, incluyendo la nueva bebita que estaba recién nacida para ese momento.

Ya tenía 6 años cumplidos cuando por fin me dejaron ir a la escuela; yo creo que mamá se decidió a inscribirme porque los vecinos la presionaron:

-Oye, esa niña tiene que entrar a la escuela... Ya está grande y debe aprender.

Fue la única manera de que ella me pusiera a estudiar, porque a pesar de todo, a ella le preocupaba el qué dirán.

Mi madre me inscribió en el turno de la tarde; no me gustaba para nada ese horario, porque decían que los niños que estudiaban en la tarde eran los burros, los rechazados, los que nadie quería; en cambio, los que iban a la escuela en la mañana eran los inteligentes y los que llevaban la delantera, y yo siempre quise ser de las inteligentes.

Para mi madre y mi padrastro era mucho más cómodo que yo fuera a clases por las tardes; en las mañanas me sacaba de la cama muy tempranito para que yo hiciera todas las labores de limpieza, arreglara a mis hermanitos y les hiciera las comidas. Ahora que lo veo, esto es una gran metáfora de mi vida: mi madre nunca me permitió explorar mi potencial, ella siempre quiso que yo estuviera con los burros, como un animalito dócil, sucio, tonto y sumiso.

Cuando por fin llegó mi primer día de clases, yo me sentía muy emocionada por ver al fin algo distinto al ambiente triste de mi casa; me apasionaba la idea de aprender cosas nuevas, de tener una maestra que tal vez se hiciera mi amiga... También me hacía mucha ilusión conocer a otros chicos y poder jugar con ellos en lugar de cuidarlos, como tenía que hacer con mis hermanitos en casa todos los días.

Infelizmente, la realidad siguió siendo devastadora y cruel conmigo: por supuesto que mi madre fue incapaz de comprarme alguna ropita nueva, así que me tocó ir con la que ya tenía desde quien sabe cuánto tiempo, desgastada y con hoyos. Ni siquiera recuerdo si pude asearme antes de ir a la escuela, porque estaba muy emocionada, tanto por salir huyendo de casa como por descifrar ese enigma que se dibujaba en mi cabeza;

lo cierto es que desde el primer momento los demás niños comenzaron a hacerme bullying.

Se burlaban de mí por absolutamente todo: primero fue la ropa; decían que olía mal, hacían dibujitos de mí con bichitos alrededor, me decían cosas muy feas, y hasta me llegaron a empujar.

Cuando yo me les acercaba, se apartaban de mí; no pude hacer ni un sólo amigo, y tampoco tuve a nadie a quien decirle lo que sucedía, pues me daba mucho miedo y vergüenza. Nadie se explicaba por qué a mí me gustaba ir a la escuela a pesar de lo mucho que me rechazaban; lo que no imaginaban era que todas esas burlas eran más bien un descanso en comparación a lo que se vivía en mi casa.

Los niños pueden ser tan crueles como los adultos, o incluso peores, porque en su inocencia y falta de límites, no conocen de medidas ni consecuencias. No conformes con burlarse de mi aspecto físico, mis compañeros descubrieron una razón aún más fuerte para acosarme: a esa edad yo me comía los mocos, pero en gran parte lo hacía porque pasaba mucha hambre.

En mi casa, después de yo haber cocinado el pollo con las verduras y el arroz, tenía que ver como los demás se comían todo y a mí sólo me daban un caldito con arroz, una vez al día. Doña Pachita a veces me daba queso y frijoles, pero por supuesto que eso no era suficiente; yo siempre tenía hambre, así que agarré esa fea costumbre de comerme los mocos, un poco para sentir que comía y otro tanto por la misma ansiedad que sufría en mi vida.

Cuando los niños de la escuela me descubrieron, se burlaron más de mí; empezaron a ponerme sobrenombres y algunos hacían gestos para remedarme; todo esto me producía más tristeza y ansiedad, y el resultado era que cada vez se me hacía más difícil controlar ese impulso, como cuando alguien se muerde las uñas o tiene algún tic nervioso.

Yo era muy callada y asustadiza; la gente me daba miedo, pues no sentía que nadie me fuera a tratar con amabilidad y cariño; por eso nunca me atreví ni una sola vez a decir:

-Tengo hambre... No he comido nada... Quiero comer...

Sentía que si pedía algo me iban a recriminar, o peor aún, que me golpearían como mi madre lo había hecho tantas veces; hubo ocasiones en las que yo no aguantaba más esa sensación de dolor y vacío en mi estómago, y entonces iba y me trepaba a los botes de basura, para rebuscar entre las sobras; como yo cocinaba en mi casa, podía identificar entre toda la podredumbre algunas de las cosas que la gente botaba en los vertederos, y así podía reponerme al menos un poquito.

Detrás de la escuela había como un espacio de latas donde la gente botaba las sobras de sus comidas: que si tortas a medio comer, los sobrantes de panes y hasta pedazos de pastel; cuando me di cuenta de esto, empecé a meterme en ese lugar a escondidas y para comerme las cosas que los demás tiraban.

Una vez que estaba allí concentrada y silenciosa, hurgando entre los desechos, sentí como comenzaron a golpear las latas desde el otro lado. Yo me quedé quietecita y callada, pues no sabía con certeza qué era lo que estaba pasando; los ruidos aumentaron su intensidad, y entonces vi que volaron algunas piedras; ahí sí me asusté.

Margarita Arreola

Algunos niños me habían seguido y se habían dado cuenta de que yo estaba comiendo de la basura, así que decidieron llevar el bullying a otro nivel y comenzaron a lanzarme piedras, basura y lo que encontraban, mientras me gritaban:

- ¡Llorona! ¡Sucia! ¡Mugrosa!

Me quedé paralizada de la vergüenza y el terror; las lágrimas comenzaron a brotar de mis ojos sin parar, aunque no sé si era más por miedo o por dolor, y luego entré en ese trance en el que me refugiaba cuando sentía que la vida me ponía pruebas superiores a mis fuerzas.

Cuando me di cuenta, estaba corriendo para alejarme de allí; iba muy asustada, sin saber a dónde ir para ponerme a salvo, porque ya no había ningún lugar en el que me sintiera segura. Recuerdo haber llorado mucho y luego secarme bien las lágrimas para irme rapidito a mi casa, pues tenía que llegar cerca de las seis para que mi mamá no me maltratara por llegar tarde.

Allí me esperaba, como cada día, el montón de maíz para ser molido, y a pesar de lo ocurrido esa tarde en la escuela, no hubo un abrazo ni nada reconfortante; sólo

.

la pila de maíz que se hizo masa con mi fuerza en el molinillo.

Cada tarde, cuando por fin llegaba a la escuela, ya estaba muy cansada de haber hecho todos los oficios en mi casa y sentía que no comprendía del todo lo que decía la maestra; no sé cómo logré avanzar en la escuela, entre el cansancio, el hambre y la ansiedad que me generaba el bullying de mis compañeros, pero de alguna manera lo logré; todas esas situaciones me hicieron la mujer fuerte que soy hoy en día, pero no cabe duda que en su momento las sufrí, y mucho.

Yo era una niña que hacía cosas de adulta porque me obligaban a hacerlas; pero aunque me esforzaba al máximo para cumplir con todo lo que me ordenaban, simplemente no tenía más que seis o siete años, y esas responsabilidades no eran para alguien de mi edad.

Una tarde llegué como siempre a moler el maíz, pero antes revisé que mis hermanitos estuvieran bien, y me di cuenta que la más chiquitita, que estaba recién nacida, estaba muy caliente y lloraba. Yo la cargaba a ratos y le ponía unos lienzos con agua templada, porque aunque no sabía de medicinas ni de fiebre a esa edad, había visto a algunas madres hacer eso en situaciones parecidas.

La niña se calmaba a ratos, pero en la noche mi mamá se acostó a dormir, y a mi tocaba arrullar a la bebita y dormirla cada vez que se despertaba; yo sentía que aún tenía temperatura, y además le toqué como una bolita en su estómago. Debí quedarme dormida, pero un sonido extraño me despertó: la niña se estaba ahogando; cuando la vi se estaba poniendo moradita y estaba convulsionando.

Yo no sabía qué hacer, así que me puse a gritar como loca; mi mamá vino y me la quitó de los brazos, y luego me empujó y me insultó. En ese momento entró su marido y le quitó a la bebé; entonces mi mamá se lanzó como una bestia sobre mí, me abofeteó, me haló de los cabellos y así me tiró al piso, arrastrándome desde la cama.

En el suelo me comenzó a golpear con toda su furia; fue tanto que su marido le pedía:

- ¡Ya déjala! Deja a esa niña en paz... ¿No ves que ella no tiene la culpa de nada?

Sin embargo, mamá seguía encarnizada conmigo; me decía que yo era una basura, que me detestaba, que yo no servía para nada y que lo que le pasara a su niñita sería culpa mía.

Me sentí tan confundida... Había tratado de ayudar a la niña como pude, y me acusaban de haberle hecho daño; en ese momento sentí tanto odio y tanta furia en la mirada de mi madre, que por fin me convencí de que ella no me veía como su hija; todos los niños de la casa eran sus hijos, menos yo; no lograba entender cuál era ese mal tan grande que había cometido para que me tratara de ese modo.

Mi mamá y su marido se fueron al hospital y yo me quedé en casa con mis dos hermanos pequeños; no recuerdo cuantos días pasaron, pero sé que fueron varios. Resultó ser que la bebita tenía una hernia en el abdomen y tuvieron que operarla; a esa edad yo no tenía ni idea de qué podía ser una hernia, pero luego comprendí que era esa bolita que yo le había sentido en su barriguita.

Cuando volvieron a casa, yo les expliqué lo que había hecho: que le había dado el medicamento para la temperatura, que le había puesto las telas con agua templada y todas las cosas que yo había aprendido para remediar una enfermedad, pero de todas maneras mi mamá no me creyó.

Por suerte pudieron operar a la bebita y salvarle la vida; sin embargo, algo dentro de mí se transformó ese día. Además del miedo y la tristeza, comencé a sentir algo más.

5. Odiar

"La felicidad está dentro de ti; conéctate con ella"

Margarita Arreola

E l odio es una palabra muy pesada, sobre todo cuando se relaciona con un infante, pero después del episodio de la bebita y su hernia, eso fue lo que yo comencé a sentir por mi madre: Odio. Suena terrible decir eso de quien debería ser la persona más importante en la vida de alguien, como lo es su propia madre, pero después de tantos abusos continuados, yo no era capaz de sentir otra cosa por ella.

Aún era pequeña y le tenía mucho miedo; no me atrevía a contestarle cuando me reprendía o me insultaba, ni mucho menos se me pasaba por la cabeza empezar a defenderme de lo que me hacía, pero comencé a fantasear todos los días con que ella se muriera. Era un deseo latente que despertó cuando empecé a comprender lo que significaba la muerte: que alguien se quedaba dormido y no despertaba nunca más; que se lo llevaban a un cementerio y ahí

"Descansaba En Paz". En mi mente de niña, pensaba que si ella se moría y se la llevaban a que descansara en paz, yo también podría estar en paz y ser libre.

Cada vez que ella me insultaba o me golpeaba, yo le decía en mi mente:

- ¿Por qué mejor no te mueres?

Nunca me atreví a expresarlo en voz alta porque sabía que podrían golpearme o hasta echarme a la calle como a Patito, y de alguna manera sabía que era más seguro estar en esa casa con un techo y un plato de comida al día que andar a la deriva. Sin embargo, esa idea recurrente me daba algún tipo de fuerza para aguantar lo que me pasaba cada día.

Estos pensamientos nunca los compartí con más nadie hasta el día de hoy; es algo muy difícil de aceptar que uno, cargado de resentimiento y a tan corta edad - porque yo para ese momento no tendría ni siquiera ocho años-, sea capaz de desear lo peor para alguien; desear que su existencia termine porque esa parece ser la única manera en que se pueda obtener algo de paz y tranquilidad.

Estando ya en la escuela, empecé a encontrar un poco más de tiempo para jugar; mis hermanitos ya estaban más grandes, y cuando los cuidaba también podía jugar a ratitos con ellos y con todos los juguetes que les compraban; yo no tenía nada de eso.

Un día en que estaba lavando la ropa, me conseguí un calcetín viejo que estaba un poco roto, pero en vez de botarlo, lo escondí. Fui poco a poco buscando pedacitos de telas, pelusas y cosas así, y lo fui rellenando con eso; le hice unas ataduras para diferenciar la cabeza del cuerpo, y con un plumón le dibujé una carita. Fue así como hice mi propia muñeca.

Cada vez que me quedaba con los niños, aprovechaba para jugar; en una ocasión mi mamá se llevó a la bebé y yo me quedé con mi hermanito, que tendría unos cuatro años en ese momento. Había un juguete que era como una máquina de hacer tortillas para niños: recuerdo que yo tomaba unas hojas de unas plantas que habían dentro de la casa y simulaba que eran tortillas; así jugábamos.

En algún momento mi hermanito debió haberse comido una, porque de pronto comenzó a llorar y no había nada que lo calmara; yo lo cargué intentando tranquilizarlo, y entonces me di cuenta de que estaba temblando y había comenzado a botar como una espumita por la boca; no sabía qué hacer, y estaba tan asustada que comencé a gritar, hasta que una vecina me escuchó y llegó a la casa preguntando qué pasaba.

Yo le abrí y le mostré al niño; ella lo tomó en brazos, a mí me agarró de la mano y nos llevó corriendo a un hospital que quedaba allí en el pueblo. La planta que el niño se había comido por accidente era venenosa, y por eso su cuerpito había reaccionado así; lloraba porque sentía como si se estuviera quemando por dentro; eso fue lo que me explicaron.

Yo no tenía idea de que eso era así; no tenía manera de saberlo, porque nadie me lo había enseñado, y yo estaba muy pequeña como para entender esas cosas. Por suerte logramos llevarlo a tiempo y todo salió bien, pero cuando mi mamá volvió a casa y se enteró de lo que había sucedido, me acusó de haberle hecho daño a propósito al niño:

- ¡Tú lo envenenaste, lo hiciste adrede!

Y me dio una tranquiza tan fuerte que hasta el día de hoy la recuerdo...

Los traumas se generan cuando experimentamos situaciones que nos impactan con mucha profundidad a nivel emocional y de manera negativa; estas experiencias dejan una huella permanente en nuestro subconsciente, haciendo que sintamos miedo, temor o fobias en situaciones parecidas como mecanismos de defensa.

La hermana de mi padrastro era una mujer que, por alguna razón que aun no comprendo, sentía algún tipo de compasión por mí. Ella me llevaba a su casa algunos fines de semana, y era de los pocos momentos en que yo sentía que descansaba; además se llamaba María, igual que yo, y eso me hacía sentir una cierta proximidad con ella.

María disfrutaba pasar tiempo conmigo, y siempre fue muy afectuosa; era una mujer independiente y tenía su propio negocio: una carnicería. A mí me gustaba ir para allá porque ella me daba de probar los embutidos que a veces vendían, y siempre me preparaba comidas ricas; es tal vez por eso que la sentí tan cercana a mí.

Era como un oasis en medio de todo lo que pasaba en mi día a día; se sentía como un sueño cada vez que me llevaba a su casa.

No recuerdo haberla visto nunca enferma ni decaída; por eso entré en shock cuando falleció; nunca supe exactamente qué sucedió, pero recuerdo que me llevaron a su velorio, y aunque yo no sabía muy bien en qué consistía el hecho de "morirse", entendía que ella no me volvería a llevar a su casa ni me cuidaría; que ya no la vería nunca más.

Esa sensación de vacío, desesperanza y desolación me derrumbó; aceptar ese nuevo golpe del destino fue muy doloroso para mí, y hasta el día de hoy me estremezco cuando recuerdo ese momento. Yo apenas tendría unos siete añitos cuando sucedió, y desde entonces le tengo miedo a todo lo relacionado con cadáveres.

En el velatorio me halaban de los brazos para que me despegara de la urna, pero yo no quería; sólo estaba ahí, chiquitita y llorando, aferrándome con todo ese dolor a una de las pocas personas que me habían protegido en mi corta vida.

Podía escuchar claramente a la gente que decía:

- ¡Ya quiten a esa pobre niña de allí! - y cosas parecidas; yo lloraba a gritos y también sudaba, sudaba muchísimo. En algún momento alguien me tomó en brazos y pude asomarme dentro del ataúd para ver a María; esa fue la imagen que más me impactó: verla allí, con sus ojos cerrados, en silencio, tan extraña, como si le faltara algo...

Eso me dio muchísimo miedo, pero no era miedo hacia ella: era un miedo profundo hacia la muerte.

No sé cuánto tiempo me tomó entender que María ya no me cuidaría más, porque luego del velorio, en el fondo de mi ser, quería creer que todo había sido un sueño bien feo y que ella volvería para llevarme a su carnicería y pasar la tarde acompañándola y comiendo las ricas meriendas que siempre preparaba para mí, pero evidentemente no fue así.

Con el tiempo, mi dolor y mi miedo se fue transformando en resignación; eso era lo que yo escuchaba en el funeral, y aunque a mí nadie me lo dijo, al final fue lo que me tocó: resignarme.

El impacto emocional que me generó esa pérdida fue tan grande que desde entonces no puedo saber de nada que se relacione con muertos, ni cementerios, ni velatorios, ni nada parecido; si alguien lo menciona, siento que físicamente me descompongo y me altero; me pongo terriblemente nerviosa. De hecho, no fue sino hasta hace muy poco en mi adultez que pude acercarme a un cementerio, pues antes eso era físicamente imposible para mí: sentía que me podía desmayar o algo parecido.

Sin embargo, esa no fue la única fractura que ocurrió en mi pequeño mundo de 8 años; a esa edad cualquier niña está ocupada en jugar y aprender, pero a mí me tocó diferente: a esa edad me convertí en mujer, pero no fue porque yo quisiera, sino porque a esa edad comenzaron a abusar de mí.

Mi mamá seguía dejándome sola en casa para que me hiciera cargo de mis hermanitos mientras ella estaba en la calle, y uno de los vecinos se dio cuenta de la situación, así que esperaba a que mi mamá saliera y estuviera lo suficientemente lejos para acercarse y tocar la puerta de nuestra casa sin enfrentarse a ningún riesgo.

Éramos cuatro niños en esa casa sin ningún adulto que nos cuidara; al final, cada quien estaba en lo suyo. La primera vez que este personaje se acercó, me hizo creer que nos iba a ayudar. Primero se metió en nuestra casa y empezó a jugar con nosotros para ganar nuestra confianza, pero poco a poco empezó a hacerme jugar "a la casita" y "al doctor", buscando la manera de hacer que yo me quitara la ropa voluntariamente, o que hiciera cosas "que sólo hacen los papás cuando están solos".

En ese momento yo no sabía que él me estaba haciendo daño, pero si recuerdo que cuando todo terminó yo me sentí muy mal; me quedé paralizada, y sobre todo tengo una clara memoria de haberme sentido como si estuviera sucia...

Todo esto se comenzó a repetir con mucha frecuencia, y lo que es peor, cada vez por personas diferentes, todos allegados a la casa; algunos eran familiares de mi padrastro a quienes yo ya conocía. Nos decían:

-Hoy viene el "Tío Fulano" a cuidarlos ... - "Tío Mengano" viene a acompañarlos esta tarde a jugar...

Algunos vecinos también se acercaban con las mismas intenciones, aprovechándose de que estábamos allí solos. Muchas de las cosas que me hicieron no las recuerdo con claridad, pues de seguro mi mente las bloqueó para evitar rememorar esas situaciones tan dañinas y traumáticas.

Cuando empecé a darme cuenta de que lo que estas personas hacían conmigo era algo dañino, tenía mucho temor por mis hermanitos, así que para defenderlos me paraba en el portal y les gritaba a esos hombres:

- ¡A ellos no los toquen!

En mi inocencia yo pensaba que con eso nos dejarían en paz, pero al final sólo conseguí que los malvados se ensañaran aún más contra mí; me convertí en una especie de escudo para mis hermanos; sin embargo, hasta el sol de hoy no sé si ellos recuerdan algo de esos terribles momentos.

No tenía a nadie con quien poder hablar sobre lo que me estaba sucediendo; mantuve mi silencio sin poder acusar a nadie ni pedir ayuda. No había nadie con quien pudiese contar; temía que me acusaran de mentirosa, o peor aún, de que era una situación que yo buscaba o provocaba. Me fui ensimismando cada vez más y más, soportando esa situación y deseando desde lo más profundo de mi ser que por arte de magia o como resultado de algún milagro, dejara de suceder.

A pesar de todo esto, yo seguía siendo una niña, y dentro de mí siempre había deseos de jugar y de hacer cosas normales como las que hacían otros niños; sin embargo, también sentía que debía reprimir esas ganas, y por eso tampoco buscaba a nadie para jugar, porque me daba miedo y sentía culpa al hacerlo. Mi forma de huir fue ocupándome cada vez más de las cosas de la casa: me gustaba tener todo ordenado y limpiecito, que las cosas de la cocina estuvieran en orden y que la ropita de mis hermanitos estuviese limpia y doblada.

Creo que, de una manera muy inocente, asumir todas esas responsabilidades que no me correspondían me daba una sensación de control sobre mi propia vida. A medida que crecía y que todos estos abusos continuaban, yo iba comprendiendo con mayor profundidad el daño que me hacían, y eso me hacía sentir cada vez peor. Estos maltratos duraron más o menos cuatro años, repitiéndose con mucha frecuencia; al menos una vez al mes.

En el fondo, también me sentía culpable, y esa era una razón más para callar lo que sucedía; nunca supe si mi madre o mi padrastro alguna vez fueron conscientes de lo que sucedía, pero por la frecuencia de estos eventos, era imposible que no lo notaran; comprender eso me hizo sentir aún más desamparada y sola.

Mi padrastro tenía otra hermana; una mujer muy adinerada que vivía en Ciudad de México, pero que tenía una casa de descanso cerca de donde nosotros vivíamos; cuando venía de visita, mi mamá me decía:

-Hoy te toca ir a donde tu tía...

No era opcional: aunque yo no quisiera, tenía que decirle tía a esa mujer y hacer lo que me decían: mi mamá me enviaba con ella para que le hiciera la limpieza de su casa, y de esa manera le cobraba un dinero por mi trabajo, diciéndole que era más seguro que lo hiciera yo a que lo hiciera alguna desconocida que la pudiese robar.

Cuando estaba allí, esta señora a la que me obligaban a decirle tía, se iba durante varias horas a hacer las compras en el mercado y me dejaba en la casa sola con su marido; eso significaba una sola cosa: que los momentos de abuso que yo sufría en mi casa también los iba a vivir allí, pero mucho peor. Este hombre se llamaba Jesús, y abusaba de mí de tantas maneras, que siempre me hacía vomitar.

Lo recuerdo muy bien porque en esa época íbamos a la Iglesia, y yo no entendía cómo alguien que había dado su vida por la humanidad y que era el Salvador de todos nosotros, pudiera llamarse igual que un ser tan malo como este sujeto.

Toda esa situación se me hacía incoherente y asquerosa; no lograba entender por qué me sentía culpable, pero comencé a sentir rechazo por mí y por mi propio cuerpo, al punto que cada vez que volvía a casa sentía la necesidad de ducharme con agua helada en una regadera que estaba en el patio; era mi manera de adormecer mis sentidos y lavar toda esa suciedad de mi alma a través de mi cuerpo.

A veces rascaba mi propia piel con tanta fuerza que me dejaba rasguños; me halaba por partes como si quisiera arrancármela, y a pesar de que ser apenas una niña, yo misma me dejaba marcas por la fuerza con la que hacía todo eso, como si de esa manera pudiese limpiar todo el daño que me hacían y que me estaba dejando profundamente marcada.

6. ¿Qué es la Autoestima?

"La sonrisa es la manifestación física de la felicidad..."

Margarita Arreola

Si te he contado todo esto no es porque quiero que sientas lástima de mí, pues yo tampoco la siento. Hoy por hoy, debo admitir que me amo profundamente, aunque siento mucha compasión por esa pequeña niña que sufrió tanto a tan corta edad.

He logrado tomar distancia con respecto a muchos sucesos para poder tener una vida tan plena como me sea posible; no voy a mentir diciendo que lo he logrado al cien por ciento, pero sí puedo decir con bastante certeza que estoy en el camino correcto para sanar mis heridas, aunque eso signifique que cada cierto tiempo deba hurgar en mi pasado y remover esas arenas que ya parecían asentadas, sólo que ahora sé que lo puedo hacer desde una óptica sana y segura, gracias a la autoestima.

¿Te has detenido a pensar como está tu autoestima? Tal vez si lo hagas, o tal vez no, pero te aseguro que muchas de las cosas que pueden estar fallando en nuestro entorno pueden estar relacionadas con un desequilibrio en ese aspecto.

Primero que nada, vamos a hablar de qué es y qué no es la autoestima.

Empecemos por decir que la autoestima es un sinónimo del amor propio, pero que no se fundamenta solamente en lo que sintamos por nosotros mismos; al contrario, está muy relacionado con la percepción y los comportamientos que nuestro entorno tenga hacia nosotros, ya sean familiares, amigos o incluso, desconocidos.

Es muy probable que en este punto te preguntes ¿Cómo alguien que sufrió tanto, y además a tan corta edad, puede decir que tiene una autoestima saludable?

Yo también me lo preguntaría si no hubiese vivido ciertos hechos que me salvaron, y aunque en mi adolescencia empeoré bastante, también pude abrirme a otras personas y situaciones que fueron vitales en mi proceso para comprenderme mejor a mí misma, y de eso quiero hablarte más adelante.

La autoestima no es una visión irreal de ti mismo como individuo, ni una falsa seguridad, y mucho menos un exceso de ego; la autoestima se trata de reconocer tus debilidades y tus fortalezas en su verdadera magnitud, aceptando que son parte de tu dimensión como ser humano, sin culpas ni miedos.

Es por ello que resulta tan importante que un niño, desde que nace hasta que comienza su desarrollo como adulto, cuente con una red afectiva que lo ayude a sentirse amado, respetado y bienvenido, para que pueda explorar con seguridad las manifestaciones de su personalidad sin sentirse culpable, y que aprenda a aceptar sus propios límites sin sentirlos como un castigo, percibiéndolos desde la comprensión y el entendimiento.

Por supuesto, esto que describo es un escenario ideal al que no todos tenemos acceso, porque las sociedades y las familias están plagadas de vicios y tabúes que se repiten de generación en generación, sin ni siquiera imaginar el daño que ocasionan.

Un niño pequeño no puede ser responsable de su entorno, y por lo tanto, tampoco puede fundamentar su autoestima si no cuenta con padres responsables, como fue mi caso. Por eso, cuando empecé a sufrir trastornos depresivos, tampoco tenía muy claro lo que me estaba pasando, ni mucho menos a quién acudir en busca de ayuda. Hoy agradezco haber superado estas pruebas tan fuertes que la vida me puso, y esa es una de las razones por las que escribo este libro: para agradecer que pude salir sana y salva de esa vorágine que pudo haberme matado.

Hoy puedo contar mi historia con la satisfacción de saber que pude renacer de mis propias cenizas; no voy a decir que ha sido fácil; todo lo que has leído hasta ahora es sólo una pequeña parte de lo que ocurrió en mi vida, pero no quería continuar sin que supieras la razón principal por la que comparto mis dolores y miedos más profundos contigo, así que, antes de que continuemos, quiero pedirte algo por favor:

Respira profundamente y mira a tu alrededor;
no importa si estás en tu habitación, en un café
o en un lugar concurrido... Mira a tu alrededor
y siente el aire entrar y salir de tus pulmones,

transformado en oxígeno que, a su vez, va en la sangre que bombean las venas que confluyen en tu corazón. ¡Eso es! Hoy estás vivo, y aún si estás pasando por un momento difícil al que puedas no verle salida, hay una razón para que hoy estés aquí y seas parte de la humanidad. Aunque puedes no saber la razón, confía en que existe y agradece, porque hoy, ¡vives!

Ahora sí, continuemos...

7. Aquello que podía llamar "hogar"

"Sigue tus sueños, y la vida te premiará..."

Margarita Arreola

A pesar de que mi madre y mi padrastro me trataban como un animal, el lugar donde vivíamos era lo único que yo podía llamar *hogar*. De mis primeras memorias, recuerdo que ese lugar era bonito, pero a medida que fui creciendo, la casa se fue tornando más caótica, sucia y desordenada, aun cuando yo hacía mis mayores esfuerzos para mantener todo limpio y ordenado.

Un día descubrí que había ratas, así que comencé a guardar las ollas de la cocina y dentro de ella metía los platos, los cubiertos y los vasos para que los roedores no los tocaran. Limpiaba constantemente y trataba de mantener la ropita de mis hermanos bien ordenada; me preocupaba tanto por mantener ese hogar con buen aspecto que me olvidaba de dedicarme tiempo a mí misma, y por eso siempre andaba sucia y despeinada.

Mi cabello había crecido mucho, pero no me lo sabía peinar bien y no me daba tiempo de ocuparme de él, así que lo traía sucio y desordenado. Un día mi mamá me amenazó:

-Te voy a cortar el cabello!

La verdad es que el cabello largo, aunque desordenado, me hacía sentir linda, y tal vez eso era justamente lo que mi madre intuyó; lo cierto es que un día tomó unas tijeras y me agarró a la fuerza. Yo traté de escapar, no sólo porque no quería que me cortara el cabello, sino porque además ella lo estaba haciendo con ira, como si quisiera despedazarme, y eso me hizo sentirme aterrada.

Temblando, tuve que sentarme y hacer todo lo posible por permanecer quieta para que mi mamá me cortara el cabello; yo veía como caían al piso los mechoncitos, uno a uno, mientras la tijera no paraba de sonar. En algún momento pensé que era demasiado cabello el que había en el piso, y las lágrimas comenzaron a brotar de mis ojos, pero no era un llanto de miedo con gritos, como a veces me pasaba... Esta vez, las lágrimas sólo caían por mi cara, en silencio, y no las podía contener.

- ¡Eres una llorona...! - me decía mi mamá, mientras seguía dándole a las tijeras - ¡Una cobarde...! ¡Por eso eres tan fea!

En ese momento se acercó uno de mis hermanitos y comenzó a reírse; cuando me di cuenta, mi mamá también se burlaba de mí. Sin verme, ya sabía que había quedado fea; fui corriendo a mirarme en un espejo: mi mamá me había dejado toda la cabeza mochada, como un niñito, pero peor... por mechones. Me veía horrible, pero sin duda me sentía mucho peor. Mientras barría del suelo los restos de mi cabello para botarlos a la basura, sentía la tristeza más profunda que jamás he podido experimentar; me costaba mucho entender por qué mi madre y mis hermanos me hacían eso... Por qué Dios me había dejado en ese lugar para que lo llamara "hogar".

Yo no podía dejar de llorar, y entonces me dijo mi mamá:

-Si sigues llorando, te voy a amarrar con los perros...

Por supuesto que eso me dio tanto miedo que me puse a llorar peor; no lo podía controlar, entonces ella me arrastró fuera de la casa halándome por un brazo y por la cabeza, y me amarró con una cadena a un árbol, como un perro. No sé cuánto tiempo pasé ahí, amarrada y llorando; sólo recuerdo que hacía mucho calor y eso me desesperaba aún más.

En ese lugar el piso era de tierra, y si uno andaba descalzo se quemaba los pies; así de caliente era, y para mí, con mi aversión al calor, resultaba mucho más desesperante. Sé que pasaron horas antes de que me desamarraran, y no fue mi madre quien lo hizo, sino que como cosa de Dios llegó la hermana de mi padrastro, donde yo iba a trabajar de sirvienta, y al verme ahí amarrada corrió hacia mí diciendo:

- ¿Qué haces así amarrada? ¿Quién te hizo eso?

Yo no le respondía por miedo a que mi mamá me reprendiera peor, así que me quedé calladita, llorando en silencio, mientras ella me liberaba de la cadena. Recuerdo que me tomó de la mano y con una furia enorme entró a la casa a buscar a mi padrastro. Ellos se gritaron fuertísimo; ella le reclamaba diciéndole:

- ¿Por qué permites que esa mujer le haga eso a esta niña? ¿No ves que es una criatura indefensa? No es un animal para que le hagan esa clase de cosas... ¿Qué clase de familia son ustedes?

Tengo esas palabras grabadas en mi mente, y también las que le respondía mi padrastro:

-Esa niña no es mía; yo sólo puedo responder por mis tres hijos. A ella que la defienda su madre, y si le quiere hacer esas cosas, pues es su hija...

Yo sentía pánico de pensar cómo reaccionaría mi mamá al ver el lío que, a mi modo de ver, se había causado por mi culpa. Esa tarde, la hermana de mi padrastro nos invitó a comer "en familia", así que fuimos a su casa; todo transcurrió tranquilamente hasta que mi tía le comenzó a reclamarle a mi mamá por haberme encadenado al árbol, y entonces todo se puso muy feo.

Mi mamá es de esas personas que no acepta ningún reclamo de nadie, así que cuando esta señora le comenzó a reclamar, mi mamá se enojó muchísimo y comenzó a recoger todo para irnos.

Sin embargo, la señora le seguía reclamando a pesar de todo, y allí se metió mi padrastro y amenazó con golpearla si no dejaba a su mujer en paz; al ver esto, se metió también Jesús, el hombre que me abusaba, y allí se comenzaron a caer a golpes, pero no sólo se daban puños, sino también patadas y botellazos.

Tratando de proteger a mis hermanitos de todo lo que estaba pasando, me escondí con ellos debajo de unos muebles para evitar que nos lastimaran a nosotros también.

Mi mamá abofeteó a la hermana de mi padrastro y entonces comenzaron a buscar cuchillos; yo salí corriendo a una casa cercana donde vivía otro hermano de mi padrastro y le dije que se estaban matando; el hombre salió corriendo y pudo evitar una verdadera tragedia.

A nosotros nos echaron de ahí y todos dejaron de hablarse por mucho tiempo; yo sentía que todo había sido por mi culpa, y ahí comenzó mi deseo de no existir más.

Después de ese incidente, algo volvió a cambiar: cada vez que me ocurría algo que me dolía, yo comenzaba a llorar, pero si mi mamá me decía:

- ¡Ay! Ya vas a comenzar a llorar otra vez... ¡Ándale!

- era como si se me hiciera un nudo en la garganta y todo lo que tenía dentro de mí se quedaba ahí atorado; en otras palabras, no quería sentir que por mi llanto y mi dolor ocurrieran cosas peores, así que comencé a tragarme las ganas de llorar y a reprimir lo que sentía.

Después de esa pelea mi padrastro quedó enfermo y tuvieron que vender la casa en la que vivíamos; de una casita bonita y de buenos materiales terminamos en un rancho de palos, feo y pequeño. Era evidente que los ingresos económicos de la casa ya no eran como antes, y todo se empezó a poner mucho peor: había más violencia hacia mí, y llegamos al punto de que a veces no teníamos nada qué comer; mi madre discutía bastante seguido con mi padrastro, y aunque parezca increíble, descendíamos aún más en ese infierno.

8. Adiós a la escuela

"Lo único imposible es aquello que no intentas..."

Margarita Arreola

A pesar del bullying al que me sometían mis compañeros, yo disfrutaba enormemente de ir a la escuela. No era la mejor alumna, la más rápida ni la más inteligente, pero si puedo asegurar que me aplicaba muchísimo a la hora de estudiar y prestaba bastante atención en las clases, porque tenía muchas ganas de salir adelante en la vida.

Imaginaba que si estudiaba bastante, hacía todas mis tareas y me concentraba mucho en la escuela, más adelante iba a poder conseguir un buen trabajo que me permitiera salir de la casa de mi madre, de mi pueblo y tal vez, algún día, hasta tener un negocio propio donde yo misma fuera mi jefa, e incluso poder tener muchos empleados. En ese momento no sabía muy bien de qué podría ser ese negocio; sólo me imaginaba lo bien que se sentiría ser independiente y alejarme de toda esa gente que en ese momento me hacía tanto daño.

Sabía que estudiar y ser excelente era el camino para alcanzar esa meta.

Cuando estaba en quinto de primaria, había un muchacho que se metía conmigo todos los días; me insultaba, me llamaba con motes y no me dejaba en paz. Aunque ni siquiera recuerdo su nombre, su imagen la tengo muy clara: era un muchachito bonito, que siempre andaba bien vestidito y hacía mucho deporte, pero por alguna razón la agarró conmigo y me hacía la vida insoportable.

Un día no aguanté más sus maltratos y descargué en él una gran parte de la ira que yo venía acumulando; debo admitir que no me contuve ni un poco, y fui bastante violenta. Sentí un coraje tan fuerte que casi no podía respirar; lo arrastré y lo acorralé contra una esquina, allí se me nubló todo alrededor y solo podía verlo a él con su cara de asustado... Ni siquiera recuerdo si había gente alrededor; sé que lo golpeé varias veces e incluso llegué a morderlo antes de que me separaran de él.

Era tanta la adrenalina que recorría mi cuerpo en ese momento que no recuerdo mucho más de ese episodio; volví a casa, y por supuesto, no le conté a nadie lo que había pasado. Ni siquiera lo percibí como una victoria; fue sencillamente una descarga y una manera de sentir que tenía un poco en control sobre mi vida.

Unos días después, estaba en clases y uno de los niños del salón se asomó por la ventana y empezó a decir:

-Ahí viene la jojole— porque así le decían a mi madre.

En efecto, me asomé por la ventana y vi a mi mamá entrando a la escuela; por supuesto que me asusté muchísimo.

Me llamaron a la oficina de la directora; de inmediato se me vino a la cabeza el episodio de la tranquiza del muchacho, pero eso ni lo mencionaron: la directora había citado a mi madre para preguntarle si yo iba a continuar en la escuela, ya que mis calificaciones eran muy bajas y ellos decían que mi aprendizaje era muy lento, como si no me esforzara ni recibiera ayuda.

Mi madre no decía nada al respecto, hasta que la directora mencionó:

-De hecho, creo que María Margarita se perdió toda la semana de la escuela; no tiene la asistencia registrada...

Ahí fue que ardió Troya: mi mamá se me aventó encima a caerme a golpes sin importarle que estuviésemos en la escuela ni que estuviera la directora allí presente. A mí esa golpiza no me dolió; yo ya estaba acostumbrada a que estas cosas sucedieran, aunque cada vez que mi madre me golpeaba, yo sentía que algo en mí se apagaba y no se volvía a encender hasta que terminaba.

Lo que realmente me dolió esa vez fue que la directora no hizo absolutamente nada; yo no podía creer que alguien cuya función era cuidar la educación de los niños, no moviera ni un dedo para detener un hecho de esa magnitud que estaba ocurriendo frente a sus ojos. Después de eso yo comencé a detestar aún más a la gente de mi pueblo, pues sentía que todos me odiaban o querían abusar de mí como pudiesen, así que yo también los odiaba a todos, y no permitía que nadie se me acercara.

Mi mamá me dijo que de ahí en adelante no habría más estudio, y así fue. Comencé a trabajar mientras estaba en primaria y me dejaron terminarla para que aprendiera a leer, escribir y sacar cuentas, cosa que mi mamá no pudo aprender en su vida, y al menos sabía la importancia que eso tenía para cualquier persona.

Para cuando terminé la primaria ya tenía dos trabajos, y de ahí en adelante no pude estudiar más.

Nuestra sociedad padece de muchos problemas relacionados con la posición de la mujer y sus posibilidades para independizarse y ser autónoma, pero en mi caso lo más incomprensible es que mi propia madre haya intentado aniquilar mi vida y mi futuro.

Sin duda, ella también tenía un gran conflicto de autoestima y de auto-aceptación, proyectando hacia mí todo el rechazo y la ira que sentía hacia sí misma; comprender esto me ha permitido romper el maleficio y evitar que se repita la historia.

9. El Mango

"Inteligencia Divina, haz Tu voluntad; no la mía..."

Margarita Arreola

El Mango es un pequeño pueblito que queda a una hora de mi casa; en ese pueblo vivía una comadre de mi mamá, y cuando me sacaron de la escuela me llevaron hasta allá y me dejaron en la casa de esa mujer; yo la ayudaba con los oficios y ella le pagaba a mi madre un monto semanal.

Para ese momento yo ya estaba un poco más grande y era más consciente de todo lo que pasaba a mi alrededor, justamente por eso sabía que lo que aquello no estaba bien, pero no podía hacer nada para impedirlo.

Apenas entré a la casa de esta mujer, supe que todo estaba mal; el lugar era una casucha de dos ambientes: en uno estaba la cocina y en el otro era un cuarto donde ella dormía con su marido. Cuando llegué a esa casa me hicieron un pequeño cuartito para que estuviera separada de ellos, pero eso no servía de nada, porque el marido de esta mujer se brincaba de cama durante las noches y abusaba de mí.

Recuerdo que buscaba cables y otras cosas para mantener la puerta cerrada y que este hombre no pudiera entrar a mi pequeña habitación, pero no siempre era posible evitarlo. Yo me sentía morir, pero no podía hacer nada, puesto que no tenía ni un peso para salir huyendo de ahí, ni tampoco conocía a nadie que me pudiera ayudar.

Mi mamá iba los fines de semana y me llevaba cajas con frutas, porque en El Mango se practicaba el trueque, entonces a mí me tocaba cambiar lo que ella me llevaba por cosas que se producían allá. Así iba yo por todo el pueblo, intercambiando fruta por frijoles, víveres y así. Cuando terminaba, se los llevaba a mi mamá a casa de la comadre, y ella se devolvía al pueblo junto con el dinero semanal que le daba por mi trabajo; a mí no me daban nada.

En algún momento logré conseguir un candado y una cadena para poner en la puerta y así sentirme más segura durante mis horas de sueño, pero el marido de esa mujer igual lograba colarse en mi cuarto y abusar de mí; recuerdo que me tapaba la boca para que mis gritos no se escucharan, y así como me había pasado cuando era más joven, él me amenazaba con hacerme daño a mí o a mis seres queridos si yo llegaba a contar algo de lo que pasaba.

Llegué a pensar que, de alguna manera, estaba marcada por el destino; tal vez estaba escrito en mi vida que todas las personas que se cruzaban en mi camino abusaran de mí hasta que eventualmente algo cambiara, y muy en el fondo, el cambio que yo deseaba para mí era sencillamente dejar de existir.

A veces pienso que todos sabían lo que pasaba conmigo, pero nadie hacía nada al respecto porque lo veían como algo natural, como si yo no fuese una persona con valor ni sentimientos; como si yo fuera un objeto. Llegué a odiar mucho durante ese tiempo: odiaba a mi madre, odiaba a mis hermanos, pero sobre todo me odiaba a mí misma, porque me sentía ultrajada, rota y sin ningún tipo de valor ni nada que ofrecer al mundo.

Para ese momento yo ya tenía unos doce años, y por suerte me daban los domingos como día libre. Mi mamá me visitaba los sábados, así que los domingos yo aprovechaba para ponerme bonita y salir por ahí a hacer amigos; así conocí a los hijos de un policía y con ellos me reunía a veces a jugar, y el señor me daba un jugo o algo. Estuve tentada a contarle lo que sucedía y cómo abusaban de mí, pero al final mi desconfianza ganó, y aunque siempre fue un sujeto amable y respetuoso, yo no tenía nada dentro de mí que me permitiera confiar en las personas, porque nunca nadie me demostró que eso fuera posible.

En ese pueblo vivía también el cuñado de la mujer a la que yo le trabajaba; era un tipo de aspecto muy desagradable, y para ese entonces tendría más de cuarenta años; él comenzó a visitar la casa donde yo vivía y a mí me generaba una aversión tremenda; me producía asco y miedo en cantidades iguales, y de una manera instintiva lo evitaba tanto como podía, pero además de repulsivo era muy insistente. Comenzó a decirme que me casara con él, que me fuera a vivir a su casa y cosas así; yo trataba de ignorarlo, y a veces hasta me escondía o me inventaba alguna excusa para ausentarme de la casa mientras él estaba allí.

Creo que yo hubiera podido controlar la situación de ese modo, si no hubiera sido porque mi madre me vendió a él. En una ocasión los escuché conversando; ella le preguntaba: - ¿Y ahora cuánto me vas a dar?

A lo que el hombre le respondió:

-Pues lo mismo de siempre; pero esa muchachita no se deja agarrar... Yo le insisto harto, pero ella nada que quiere... Huye de mí; nada que se quiere casar conmigo.

Cuando él le dijo eso, mi mamá sin dudarlo ni por un segundo le aconsejó:

-Pues agárrala a la fuerza o róbatela! ¡Qué sé yo...! No creo que sea más fuerte que tú...

Yo estaba detrás de unas cajas de víveres que estaba intercambiando por las de fruta que mi mamá había traído de nuestro pueblo, y pude escuchar toda la conversación con claridad; sin embargo, no podía creerlo... No hay palabras que describan lo que se siente al comprobar que sea tu propia madre la que te venda a un hombre asqueroso que te triplica la edad. Me sentí tan indignada y a la vez tan furiosa, que sin pensarlo entré y los enfrenté:

- ¿Qué creen que estás haciendo? ¿Qué demonios está pasando aquí?

Justo en ese momento vi como el hombre le daba a mi madre un billete de quinientos pesos; yo me acerqué a ella como una fiera, pero como mi mamá tenía esa forma de hacerse la enojada cuando alguien le decía las cosas en su cara, intentó hacer lo mismo conmigo; sin embargo, esta vez no se atrevió a golpearme, sino que se limitó a decirme que yo era una loca que estaba inventando cosas, que estaba escuchando cosas que no eran, y así, con su acostumbrada soberbia y cinismo, me llevó de regreso a la casa de su comadre y allí me dejó.

Tiempo después fue el cumpleaños de mi padrastro y a mí me llevaron para esa reunión. Cuando llegué, vi a una mujer muy parecida a mi madre, pero que hablaba muy diferente; entonces supe que se trataba de una tía que yo no conocía, o al menos no la recordaba.

En esa misma reunión estaban mi abuela y el hermanito que mi mamá le dejó a ella para que lo criara, que ya era todo un hombre. Comencé a hablar con esta tía y me sentí en confianza inmediatamente; aunque me daba miedo hablar, sentía que era la única oportunidad que tenía de desahogarme con alguien, así que no me aguanté y le conté que me habían dejado en esa casa para que les trabajara pero que allí abusaban de mí, que había descubierto a mi mamá tratando de venderme a un hombre y que sentía mucho miedo.

Mi tía no sólo me escuchó con mucha atención, sino que me dijo lo siguiente:

-Yo no quiero tener ningún tipo de problema con tu madre, porque ella tiene un carácter del demonio; tampoco le voy a reclamar nada. Simplemente, te voy a llevar conmigo. Yo no podía creer lo que estaba escuchando: mi tía, mi verdadera tía, se arregló con mi mamá y le dijo que le enviaría dinero mensual a cambio de llevarme con ella para que le ayudara con la casa y otras cosas.

Mi madre no estaba muy convencida, pero al final aceptó cuando vio que había más dinero de por medio. Recuerdo que nos dijo:

-Si se la van a llevar, tendrán que hacerse cargo de todas sus cosas, porque yo no voy a poner ni un peso...

Mi tía se encargó de comprarme el billete de avión y todas las cosas que me hacían falta. Así fue como a mis trece años me fui a vivir en La Ensenada, sin nada más que lo que tenía puesto, pero con la esperanza de alcanzar una vida mejor, lejos de todo lo que me había hecho tanto daño.

10. La Ensenada

"Adquirir consciencia de prosperidad
te permite recibir lo que está en tu escencia..."

Margarita Arreola

Cuando llegué a La Ensenada me encontré con un ambiente que jamás había vivido; no podía creer que por fin estaba en un hogar donde me trataban como a un ser humano. La familia de mi abuela y mi tía no eran particularmente adinerados, pero sí trabajaban bastante para vivir tranquilos en una casa bonita y ordenada.

En ese lugar fue donde realmente conocí a mi hermano mayor; de entrada me costó confiar en él, pues todos los hombres que se me habían acercado siempre me habían hecho daño; sin embargo, platicando con él me di cuenta que nuestras historias eran muy parecidas, ya que él también había comenzado a trabajar desde pequeño; se sentía bien orgulloso de eso, y de verdad lo disfrutaba.

Al igual que yo, él vivía con la herida del rechazo de nuestra madre. Era un muchacho bastante hermético y callado; eso me hizo comprender esa culpa que a veces yo sentía, esa sensación inconsciente de que había algo malo en mí, algo que me acompañaba desde mi nacimiento y que era la razón por la que mi madre no me quería y me trataba como un animalito, no como a su hija.

Mi hermano se sentía igual; en algún momento llegamos a platicar sobre eso sin ahondar mucho, pues a ambos nos costó abrirnos mutuamente, pero cuando comenzamos a dialogar sobre cómo nos sentíamos, entendimos que nosotros no teníamos la culpa de nada; que en realidad éramos unas simples víctimas de algún resentimiento inexplicable de nuestra madre.

Todo eso hizo que nuestra relación se afianzara, y que aún al día de hoy, nos mantengamos en contacto.

Yo trabajaba bastante cuando estaba en La Ensenada para ganar mi propio dinero y ayudar con los gastos de la casa; sin embargo, los tíos que recién conocía a veces me daban dinero para comprarme mis cosas, y me regalaban prendas y ropa para que me viera bien, como una muchacha de casa; además, mi tía me consentía bastante. Ella tenía una hija que era unos años menor que yo, y entablamos una relación muy bonita, porque éramos como hermanitas.

Yo nunca había tenido una amiga, y menos a alguien a quien de verdad sintiera como un hermano, y de un día para otro estaba teniendo todo eso y más... Era una sensación de seguridad que no había experimentado nunca.

A medida que pasaba el tiempo ahí, yo me iba sintiendo mejor; pude darme cuenta de que yo era una persona, que tenía un valor y que había gente que se preocupaba sinceramente por mí; sentía que por fin estaba recuperando algo que me habían arrebatado.

Una de las cosas más preciosas que conocí en ese lugar fue el mar; un mar azul y cristalino que se perdía en el infinito y que me llenaba de paz. La primera vez que lo vi me impactó mucho contemplar sus colores tan vibrantes, las sensaciones tan suaves y plácidas que me daba y, sobre todo, ese sonido que era calma pura... Esa paz era algo que nunca hubiese podido disfrutar si no me hubiese alejado de lo que me hacía daño.

Otro hallazgo maravilloso que me permitió La Ensenada fue el acercamiento a la Iglesia; disfrutaba de ir a misa, participaba en las actividades que organizaban y hasta llegué a hacer amigos allí. Durante mi infancia no entendía como Dios permitía que me hicieran tanto daño, e incluso llegué a pedirle que me quitara la vida; ahora entendía que el problema no era Él, sino las personas que me rodeaban.

Durante ese tiempo trabajé en una pizzería, y me volví una experta; sin embargo, tal vez mi avance más importante fue el aprender a defenderme. Es probable que el soporte que me daba mi familia me hiciera sentirme más segura de mí misma y haya aprendido a quererme; pude darme cuenta de que la vida valía la pena vivirla, y que mi integridad era algo que yo tenía que defender. Aprendí a decir que no, cosa que antes ni siquiera me pasaba por la cabeza, porque me educaron para ser una persona sumisa y complaciente.

Había transcurrido más o menos un año cuando mi madre comenzó a llamar a mi tía y a mi abuela, amenazándolas; les decía que me enviaran nuevamente a mi pueblo, y aunque mi tía trataba de convencerla de que yo estaba mejor con ellas, mi madre nunca soportó que nadie le llevara la contraria, así que terminó amenazando a mi nueva familia con demandarlos y hacer que la ley los castigara por tenerme con ellos.

Cuando mi hermano mayor era pequeño, recuerdo que mi mamá también llamaba a mi abuela y le decía lo mismo: que la iba a demandar si no le devolvía a su niño; recuerdo que ella les gritaba con mucha furia y hasta les aventaba el teléfono sin permitirles hablar. Cuando mi madre empezó a llamar ahora por mí, me enteré que en esa época llegó a demandar a mi abuela, acusándola de tener a mi hermano sin su permiso. Fueron días terribles para ellos, porque incluso llegó la judicial a buscar a mi abuela.

Debido a todos esos antecedentes, mi tía me dijo:

-Yo no quiero que te vayas, pero tampoco quiero tener problemas con tu madre. Ella tiene un carácter muy fuerte y creo que lo mejor es que te regreses con ella, para que todos nos evitemos inconvenientes...

Yo le suplicaba que me dejara quedarme; nunca me había sentido tan querida en toda mi vida, y de un día para otro me quitaban todo eso... Lloré mucho mientras le rogaba a mi tía, pero mi mamá continuaba amenazándolas y mi tía comenzó a entrar en pánico al recordar el episodio con mi abuela, así que con firmeza me anunció:

-Lo siento mucho chamaca, pero tengo que llevarte con tu madre; no puedo permitir que la policía me lleve. Lo siento...

Mi abuela me acompañó en ese viaje de regreso; pasé todo el recorrido llorando, y mi abuela también estaba triste, pero ella no decía ni una sola palabra. Cuando ya estábamos llegando al pueblo, le pedí en medio de un mar de llanto que me dejara regresar con ella; le dije que yo no quería estar allí, que en ese lugar nadie me quería, que todos me hacían daño de una u otra manera, pero mi abuela solo me respondió:

-Aquí es donde está tu madre, y yo debo dejarte con ella...

Con esas palabras supe que mi pasado volvía sobre mí, como si no pudiera escapar a mi destino.

11. De vuelta al terror

"Encuentra el momento preciso para dar gracias..."

Margarita Arreola

Cuando regresé nuevamente a la casa de mi madre yo ya tenía catorce años y había generado una nueva percepción de mí misma que me permitía protegerme y cuidarme de quien quisiera hacerme daño.

Mi madre quería de nuevo tenerme en su casa para que yo hiciera todas sus labores y maltratarme como lo había hecho durante toda mi vida, pero esta vez yo no pensaba seguir soportando todas las humillaciones a las que ella quería someterme; no pensaba seguir siendo una chamaca sumisa, porque sencillamente ya no podía.

Al principio, traté de soportar lo que ella me decía para llevar la fiesta en paz, pero al poco tiempo se me hizo inaguantable, y fue así como empecé a rebelarme hacia ella y sus maltratos.

Cada vez que ella me insultaba, yo le respondía de vuelta. Si se atrevía a golpearme, yo la esquivaba, y le decía lo que no me gustaba. Antes, esas cosas jamás se me hubiesen pasado por la cabeza. Recuerdo una vez, después de que ella me diera un golpe, que yo la miré fijamente a los ojos y le dije:

-Tú a mí no me vuelves a pegar nunca más...

Y algo debió ver ella en mi mirada, porque desde ese momento se contuvo de hacerlo.

Sin embargo, los maltratos verbales no se detuvieron; al contrario, iban de mal en peor, como si con sus palabras crueles compensara el daño que ya no me podía hacer físicamente.

Recuerdo que me gritaba:

- ¡Eres una puta! -y yo le contestaba inmediatamente:

-No, ¡yo no! ¡Eso eres tú!

Así se nos pasaban los días, discutiendo, como perros y gatos; ella insultándome y yo respondiéndole cada ataque verbal que ella me hacía; sin embargo, su intención era siempre darme donde me dolía, así que después de varias semanas decidió cambiar su estrategia.

Yo había comenzado a ir a la Iglesia en el pueblo, porque allí encontraba cierta paz y además porque podía socializar con otras personas; después de las vivencias en La Ensenada sabía que allí podía encontrar un lugar seguro donde refugiarme del entorno tan destructivo en el que vivía.

Para mi sorpresa -o tal vez no...- cada vez que regresaba a la casa descubría que mi mamá se había metido con mis cosas: mis tíos y mi abuela me habían regalado algunas prendas de oro cuando estuve con ellos, pero mi mamá me las sacó de donde las tenía escondida y las vendió todas; no me dejó absolutamente nada, ni tampoco me dio algo del dinero. En otra ocasión me sacó la ropa nueva que yo había podido comprar con el dinero que ganaba en mi trabajo y la desapareció; no supe si la vendió, si la botó o qué había hecho con ella.

Cada vez que yo llegaba a la casa, me encontraba despojada de mis pertenencias y sin ninguna explicación; sin embargo, no dejé de asistir a la Iglesia;

ya no tenía más nada que perder, pues ya me habían privado de todo, pero en la Iglesia tenía algunos amigos y me sentía aceptada; a pesar del dolor y la rabia que me había causado el hecho de que mi mamá me arrebatara mis pertenencias, socializar era algo que disfrutaba y me hacía sentir más plena.

En una ocasión, uno de mis amigos me invitó a los juegos mecánicos; este niño era solamente mi amigo, no estábamos en plan de coqueteo ni nada de eso, pero como yo nunca había ido a un parque de esos, acepté ir. Estuvimos disfrutando de las distintas atracciones y riéndonos mucho, y como le sucede a cualquiera cuando de verdad está concentrado en algo que lo hace feliz, yo perdí la noción del tiempo.

Íbamos caminando de regreso cuando escuché que me llamaban, y al voltear vi a mi madre furiosa detrás de mí; ni siquiera pude decir nada, pues ella sencillamente me comenzó a decir cosas horribles delante de todo el mundo, me agarró por el cabello y me sacó arrastrando de ahí. Como pude, me le solté y empecé a correr; nunca olvidaré la cara de espanto de mi amigo; seguí corriendo y mi madre se vino detrás de mí, hasta que en un punto me alcanzó y me volvió a agarrar por el cabello, y así me llevó hasta la casa.

Esa noche la pasé llorando hasta quedarme dormida, pero no porque me hubiera halado del cabello hasta casi arrancármelo, sino por la vergüenza que sentía ante semejante humillación. Me sentía demasiado avergonzada después de ese triste espectáculo como para volver; de ahí en adelante no regresé más a la Iglesia.

12. ¡YA NO MÁS!

"Gracias por la oportunidad...
¡Lo demás lo pongo yo!
Gracias, Gracias, Gracias..."

Margarita Arreola

Luego de varias semanas, una de mis amigas de la Iglesia me buscó para invitarme a sus quince años; a mí me emocionó mucho recibir esa invitación, porque a pesar de no haber vuelto, aún tenía amigos que me apreciaban y pensaban en mí. Mi mamá encontró la tarjeta de invitación y de inmediato me prohibió asistir; al principio me dio mucho coraje, pero luego me invadió una tristeza infinita.

El día de la celebración, mi mamá me mandó a buscar pan y yo le pedí a mi hermanito que me acompañara; cuando ya nos habían dado el pan, le dije a él que lo llevara a la casa, y yo me fui caminando en otra dirección. Llegué a la fiesta de mi amiga y allí estuve con ella y con mis amigos de la Iglesia; nos divertimos mucho, pues yo adoro estar en esos ambientes de familia, aunque no sea la mía.

A eso de las once y media de la noche comencé a caminar de regreso a mi casa; cuando ya estaba acercándome me puse un poco nerviosa, porque no sabía que podía pasar cuando entrara... Era la primera vez en toda mi vida que yo regresaba tan tarde, sola y sin haber dicho en dónde estaba.

Cuando entré, no sólo estaba mi mamá esperándome en la sala, sino que también estaba mi padrastro, que jamás en su vida me había puesto un dedo encima; esta vez, la paliza me la dieron entre los dos. No fue que me reprendieron o me dieron un par de bofetones: me dieron una golpiza como si yo fuera un animal, como si descargaran la furia acumulada de toda una vida sobre mí.

Mi madre tenía una manguera en la mano, y mi padrastro un cable de electricidad bien grueso; con eso me azotaron durante mucho rato, me arrinconaron en una esquina y yo no podía hacer nada más que recibir los golpes. Ni siquiera podía gritar, porque estaba privada del dolor; con cada azote que me daban yo sentía que me arrancaban un pedazo de piel; fueron muchos golpes acompañados de gritos e insultos; en un punto sencillamente no aguanté más y todo se oscureció. Me desmayé.

Sentí que me dejaban sobre la cama, pero yo ni siquiera podía abrir los ojos; era como si mi cuerpo se hubiese apagado... No tenía fuerzas ni siquiera para llorar.

Lo siguiente que recuerdo es escuchar a mi madre y a mi padrastro peleando a viva voz:

- ¡Ya la matamos! ¡Ahora si fue! ¡Esta vez sí se nos fue la mano! - decía él.

Mi mamá gritaba también; de repente sentí que me tocaban, me agarraban una mano y me la sacudían:

—Margarita, no te vayas por favor. Despierta... Por favor no te vayas...

Fue la primera y la única vez que escuché a mi madre llorar.

Años después, uno de mis hermanos me dijo que fueron tres días los que estuve inconsciente en esa cama; mi madre y mi padrastro fueron incapaces de llevarme a un hospital, pero creo que por primera vez eran conscientes del daño que me habían hecho.

Un día de pronto me repente, bañada en sudor, adolorida; ni siquiera podía abrir bien los ojos, pero en la habitación donde yo estaba había un espejo enorme frente a la cama, y al mirarlo lo que vi fue una figura extraña y deformada; estaba hinchada por todas partes y llena de moretones y heridas; parecía un monstruo.

Me costó varios segundos darme cuenta de que eso que estaba en el espejo era yo.

Luego de ese primer impacto, escuché a mi madre decir:

-Hijita mía, ¡qué bueno! Por fin despertaste...

Al escuchar esas palabras, sentí una rabia tremenda; el coraje fue tan grande que dejé de sentir dolor. Ver cómo me habían dejado, y que ahora pretendieran que yo me comportara como si nada hubiese pasado, como si lo que me hicieron hubiera sido un accidente o algo que le pudo pasar a cualquiera... ¡No! No era así.

Ya estaba harta de ellos, de sus abusos y sus maltratos. Me habían llevado al borde de la muerte, y esa fue la gota que derramó el vaso.

Si para ese momento yo no hubiese conocido las cosas bonitas de la vida y lo que significaba quererme a mí misma, no me hubiese importado, pero ahora yo me amaba, y no podía permitir que absolutamente nadie me hiciera daño, fuera que se tratara de un desconocido, o de mi propia madre.

No recuerdo cómo fue; sólo sé que le dije que estaba harta de todo, que ya no quería vivir más ahí y que me iba de ese lugar. Ella sólo me respondió:

-Pues si te quieres ir, nadie te va a detener… Pero te vas sin nada…

En ese momento supe que tenía que salir de allí a como diera lugar; a mi madre no le importaba mi bienestar de ninguna manera, y tampoco parecía tener ningún tipo de remordimiento por el daño que ella y su esposo me habían hecho.

No sé si fue la adrenalina o el coraje, pero a pesar de lo golpeada que estaba, me paré de la cama y comencé a meter en una mochila algunas prendas de ropa; tomé mis papeles de nacimiento y me los metí dentro del pantalón; agarré los papeles de la escuela y los rompí en pedacitos delante de la cara de mi madre...

Ella estaba en shock, pues nunca me creyó capaz de hacer algo así, y la verdad es que hasta ese momento yo tampoco creí que me atrevería a llegar tan lejos, pero, por suerte, yo me había convertido en una persona más consciente de su propio valor.

Me puse la mochila al hombro con las pocas cosas que mi mamá me permitió tomar que pude meter ahí; abrí la puerta de un golpe y salí sin rumbo, sin saber a quién o a dónde acudir, pero decidida a no mirar atrás ni permitir que me volvieran a pisotear en esa casa, y hasta el día de hoy, no he vuelto.

13. Mi vida con ellos

"El firmamento es mi techo y el planeta entero es mi hogar;
soy libre por derecho sagrado..."

Margarita Arreola

Estuve deambulando por un tiempo sin rumbo definido; no tenía casi nada de dinero ni con qué sobrevivir, pero regresar no era una opción para mí. Recuerdo que al principio conseguí un coche abandonado y allí dormí durante seis o siete noches, cubriéndome con lo poco que tenía.

Seguí vagabundeando y haciendo pequeños trabajos para poder ganar algo de dinero, pero no tenía donde dormir; en esa época conocí el alcohol y las drogas, pero por suerte me fue tan mal con ellos que no me quedé enganchada en nada de eso.

Conocí a una señora que me acogió en su casa y me buscó trabajo en el restaurante de la esposa de su hijo; me gustaba trabajar ahí porque conocía gente nueva e iba haciendo un dinerito para poder buscarme algo mejor. Allí conocí a un hombre que me comenzó a coquetear y a mí me agradó, así que le seguí el juego y comenzamos una relación. Mientras tanto, el hijo de la señora iba a veces al restaurante, y siempre buscaba la manera de tocarme o manosearme; yo ya estaba harta de que estas cosas me pasaran siempre, pero trataba de aguantarme, porque no tenía a donde ir.

Yo no le contaba nada a mi novio para que no fuera a hacer un escándalo en el restaurante, pero el escándalo de todas maneras llegó: resultó que mi amado estaba casado y yo no sabía nada, hasta que un buen día su mujer llegó a insultarme al restaurante. Ese día fue doblemente trágico para mí, no solo por la humillación que sufrí en ese momento, sino también por la decepción de saber que ese hombre me había engañado.

Él tenía un buen amigo que se había hecho mi amigo también, y en ese momento yo no supe a quien más acudir, así que fui y le conté a él todo lo que había pasado con este sujeto que me había engañado y con el hombre del restaurante que quería abusar de mí.

Él solo me dijo:

-Vente a vivir conmigo...

Yo por supuesto me quedé extrañada; entre él y yo nunca hubo un coqueteo ni nada parecido, pero me estaba proponiendo irme a vivir con él, para cuidarme y darme el puesto de mujer que yo merecía.

Al poco tiempo nos casamos; yo no lo amaba, pero nos entendíamos bien. Yo tenía 15 años en ese momento, y antes de cumplir los 16 estaba dando a luz al primero de mis tres hijos con él.

A pesar de que me fui a vivir a su casa, yo no esperaba que me mantuviera, así que me busqué no uno, sino dos trabajos: de día en un restaurante y de noche en un bar; en ambos era mesera. Cuando estaba cerca de dar a luz, él se vino para los Estados Unidos y me dejó en casa de su familia; sus hermanas y su mamá fueron muy amables conmigo y me cuidaron mucho; estaban muy emocionadas por el bebé que venía en camino.

Cuando mi niño nació, yo no sentí el amor que sienten las madres: de inmediato sentí rechazo por él, y no quise amantarlo ni cargarlo. No entendía por qué; simplemente no quería tener al niño cerca; yo lo disimulaba como podía, pero a las dos semanas mi suegra comenzó a notarlo y me dijo que lo mejor era ir a un médico.

Hice casi un año de terapia, pero a las primeras semanas ya sabíamos que el rechazo que yo sentía por mi bebé era la misma furia que tenía por mi madre, y por eso no podía conectarme emocionalmente con él; sin embargo, gracias a mis sesiones semanales, poco a poco fui restableciendo ese vínculo con mi hijo.

Cuando mi bebé tenía casi once meses, llegó su padre de regreso, pero esta vez no fue caballeroso como había sido antes, sino que por el contrario, me maltrataba y me engañaba con otras mujeres. Yo ya estaba harta de tantos maltratos y angustias, así que antes de que mi niño cumpliera los dos años, me fui de la casa con él.

Pude conseguir un trabajo de mesonera, pero con el niño se me hacía difícil, pues no tenía a quien dejárselo. A veces el papá del niño nos visitaba y era cuando podía agarrar más turnos; aunque no estábamos juntos, él se quedaba varios días en mi casa. Un día me desmayé en el trabajo, y ahí me enteré de que nuevamente estaba embarazada; no tenía los 19 años en ese momento.

No sabía qué hacer, así que le llevé a mi hijo con su padre por unos días, pero cuando pasó como una semana lo llamé diciéndole que estaba embarazada y que le dejaba al niño mayor. Él estuvo conforme.

Yo me fui con un circo de esos que van de ciudad en ciudad; me tocaba ponerme una faja para que no se notara mi embarazo, y así estuve trabajando hasta que se hizo demasiado evidente; entonces volví a Michoacán y el padre de los niños me pidió que hiciéramos las cosas bien, que formáramos una familia, y yo acepté.

Al poco tiempo él se vino nuevamente a los Estados Unidos, diciéndome que cuando estuviera bien económicamente me iba a traer con los niños, pero a los meses me llamó para decirme que se va a casar con otra mujer y que me olvidara de él.

Yo había montado un restaurantito para mantenernos y allí conocí un muchacho del que me enamoré y que me aceptó con mis hijos; él también viajó a los Estados Unidos y también me prometió mandarme a buscar con los niños, pero cuando ya estaba cerca la fecha del viaje, me dijo que había que esperar.

Entonces me desesperé y vendí todas mis cosas, pues estaba decidida a pasar con un coyote. Yo tenía los papeles que mi papá me había hecho, pero cuando traté de pasar la frontera me agarraron; a los niños sí los dejaron pasar, entonces me tocó llamar a su papá para que los recogiera.

Seguí intentando pasar para tratar de llegar a Washington, a donde estaba este muchacho, pero siempre me agarraban y me devolvían; mientras tanto los niños estaban con su padre en California.

Un tío que ya estaba en los Estados Unidos me llamó para decirme que había conseguido con quien pasarme y por fin lo logré, pero del otro lado necesitaba que alguien me buscara; mi novio estaba en Washington, así que iba a tardar mucho en llegar y me podían devolver; no tuve más opción que llamar al padre de mis niños y pedirle que me los llevara; él me buscó y me llevó a un hotel, y yo esperaba encontrar ahí a mis niños y poder abrazarlos, pero no estaban.

Él se había enterado de mi relación y me dijo que tenía que decidir entre mi pareja o mis hijos; me obligó a llamar a mi prometido y decirle que yo no lo quería ver más... Tuve que renunciar al amor para poder ver a mis hijos nuevamente.

Después de eso, me llevó a una casa aislada y ahí me dejó; yo no conocía a nadie y no teníamos vecinos; ahí quedé embarazada de mi tercer bebé, pero yo me sentía muy deprimida; él me tenía allí como su mascota, y yo no quería sentirme así.

Poco a poco lo fui convenciendo de que me enseñara a manejar, con la excusa de poder ir a un pueblo cercano y así comprar las cosas del hogar y todo lo que necesitáramos. Era lo único que podía hacer, porque él era un hombre tan celoso que le enfadaba que yo hablara con cualquier persona, incluso con su familia; hasta de sus primos y tíos me celaba.

Cuando algo así pasaba, se ponía violento conmigo o me humillaba; ya teníamos varios años en los Estados Unidos y yo ni siquiera había podido aprender inglés; mis hijos ya se estaban haciendo grandes y yo me sentía cada vez peor... En aquella época estuve de nuevo pensando en el suicidio, pero por suerte algo dentro de mí lo impidió; sin embargo, en ese momento supe que yo no podía continuar con ese tipo de vida, porque así no les servía de nada ni a mis hijos ni a mí

Traté de buscar la mejor manera de romper con él, de divorciarme o al menos separarme por las buenas, pero él no quería; me manipulaba y me maltrataba. Yo no quería que mis niños crecieran sin un padre, pero él se empezó a poner cada vez más y más violento, así que yo pensé:

-Mejor unos niños sin padre que con su madre en el ataúd...

Un día tomé las llaves de la camioneta, junté la ropa que pude y los pocos ahorros que tenía, monté a los niños en la camioneta y me fui. Recuerdo que le dije a su familia que me iría a Indiana por unos días, para tener tiempo de alejarme de allí y planificar como protegería a mis niños y a mí misma de ahora en adelante.

Comencé a manejar sin rumbo fijo; sabía que tenía poco dinero y que debía tomar decisiones rápidamente si no convertirme en indigente en un país cuyo idioma ni siquiera entendía; recuerdo que manejé durante horas con los niños dormidos en la parte trasera, disfrutando de algo que por primera vez en la vida tenía: Libertad.

Todo lo demás podía esperar unas cuantas horas más...

14. Quién soy ahora

"Con las herramientas adecuadas,
ser humano puede reinventarse
las veces que sea necesario..."

Margarita Arreola

Mi "primera vida" estuvo llena de momentos crueles y dolorosos, que sólo mucho tiempo después acepté y entendí como parte de un proceso que era necesario para encontrar mi propósito en este mundo. Llamo a esto "mi primera vida", porque luego de que me salí de la casa de mi madre comencé a vivir otra; sabía que iba a ser difícil, pero nunca imaginé cuánto.

No sin temor cerré aquella puerta tras de mí, pensando que sólo con salir de ahí iba a encontrar la libertad que tanto ansiaba, pero la verdad fue que me tomó mucho tiempo, esfuerzo y dolor llegar a donde estoy.

Si hoy en día puedo hablarte en paz sobre mi pasado es porque he atravesado por largas transformaciones que me han ayudado a superarlo; mi camino estuvo lleno de obstáculos, pero fue gracias a ellos que encontré mi propósito: ayudar a quienes se encuentren en situaciones como la que yo viví, y la mejor manera de hacerlo es a través de mi experiencia: soy el testimonio de que la sanación interior es posible.

Por una u otra razón, todos los seres humanos sufrimos; puede que no se trate de situaciones exactamente iguales a las que yo viví, pero todos, en algún punto de nuestra vida, nos sentimos perdidos, sin saber qué hacer o cómo avanzar, y sobre todo, si el dolor que padecemos tendrá final.

Yo vengo a decirte que sí... ¡Sí se puede sanar! El sufrimiento es inevitable, pero también es temporal: no hay dolor que dure para siempre.

Como te dije al principio, no te voy a engañar: la vida es un camino difícil, pero podemos hacerla hermosa si nos atrevemos a reclamar lo que es nuestro, lo que nos corresponde por el simple hecho de ser humanos, que no es otra cosa sino amor y dignidad.

En la actualidad puedo afirmar que he logrado restablecer mi auto-concepto, y gozo de una autoestima saludable; tengo tres hijos maravillosos a los que me une una hermosa relación de respeto y amor; también soy una emprendedora que luego de muchas vueltas pudo hacerse económicamente independiente.

Esto, por supuesto, no ocurrió de la noche a la mañana, sino que significó un arduo proceso personal, pues por una parte fue necesaria la determinación de querer superar todo el daño que había sufrido a lo largo de mi vida, y por la otra, fue necesaria una gran disciplina para implementar los métodos que me iban a permitir convertir esas experiencias en el combustible de mi crecimiento espiritual.

Hoy quiero enseñarte las herramientas que usé en mi vida para lograr ese equilibrio, porque tú también eres un ser valioso que merece tener una vida plena y hacer realidad lo que siempre has querido para ti.

Tal vez te cueste creerlo, pero yo renegué de Dios durante mucho tiempo, sobre todo cuando estaba bien chiquita y no podía entender ni la magnitud del daño que me hacían las personas a mi alrededor, ni mucho menos por qué un Dios supuestamente bondadoso y omnipotente permitía que a mí me sucedieran esas cosas.

A veces pensaba:

-Si Dios se ha olvidado de mí, entonces yo también me olvidaré de él...

Pero la verdad es que nunca me tomé ese pensamiento en serio; sí llegaba al punto de molestarme muchísimo y sentir que incluso odiaba a Dios, pero luego, cuando mi corazón comenzó a sanar, pude ver como Él siempre estuvo ahí conmigo, incluso en los peores momentos, y de hecho estaba tan cerca que por eso no lo podía ver.

Me costó mucho entenderlo y me cuesta aún más explicarlo; sin embargo, esta es la verdad más grande que puedo compartirte en base a mis vivencias: la Presencia Divina habita en todos nosotros; no importa si tus creencias no son cristianas, o incluso si no tienes ningún tipo de religión: la Divinidad nos acompaña siempre, solo que a veces nos ofuscamos tanto que no somos capaces de darnos cuenta.

La fe es una virtud, porque no es fácil mantenerla en los momentos duros de la vida: cualquiera que contemple las maravillas que nos regala la naturaleza puede tener fe en Dios, en la existencia de algo más allá que nos ama, pero... ¿cómo sentir lo mismo cuando vemos el lado cruel y doloroso de la existencia?

Creer en una Divinidad es creer en nosotros mismos y en la capacidad que tenemos de superar los momentos más aciagos de la vida, pues como Hijos de ese Dios, somos herederos de Su misma fortaleza y poder.

Tener fe no significa esperar que la vida sea sólo felicidad, sino confiar en que todo sufrimiento llega a nosotros con la finalidad de templar nuestro espíritu; tener fe es ser capaces de ver los milagros que ocurren cada día, porque están allí, pero mientras exista la incredulidad, será como tener una venda tapando nuestros ojos: no podremos apreciar lo que sucede delante de nosotros, y mucho menos seremos capaces de avanzar en la dirección correcta.

La fe no es algo que nos cae del cielo; es más bien un ejercicio diario, un entrenamiento del corazón que nos ayuda a apreciar los milagros que ocurren a nuestro alrededor a través de la creencia en una Fuerza Superior que obra a través de nosotros.

La fe es una virtud que nos hace mejores cada día, porque nos reafirma nuestro propio valor como Hijos de un Ser Superior, y nos ayuda a entender que somos capaces de lograr absolutamente todo lo que nos propongamos.

Vivimos en una cultura que nos enseña a separar las cosas en buenas y malas, agradables y desagradables, deseables e indeseables; esto nos ha generado conflictos y dolor, porque la vida no es "una cosa u otra", sino una fusión entre todo lo que aceptamos y lo que rechazamos. No hay forma de quedarnos sólo con lo que queremos, y tampoco hay forma de rechazar sólo lo que no queremos; todo, absolutamente todo, implica un porcentaje de aspectos a favor y aspectos en contra.

Comprender esta verdad y aceptarla es una de las claves para encontrar el equilibrio, minimizando el dolor que nos genera la expectativa de una existencia libre de conflictos, pues eso simplemente es una utopía: algo que sólo existe en nuestra fantasía. La realidad es otra cosa, y el primer paso para superar el dolor es atrevernos a aceptarlo.

Yo aprendí a ver el rostro de Dios donde nadie esperó encontrarlo jamás: en medio de la injusticia, de la desesperanza, del abandono, del desamor; todas esas situaciones nos oscurecen el alma, pero son tan humanas como enamorarse o cantar, y nos guste o no, las necesitamos para evolucionar.

Dicen que la intensidad de tu sufrimiento depende de la fortaleza de tu espíritu, porque Dios nunca te pondrá una prueba que no puedas superar; una de las ideas que más me ayudó a perdonar y a sanar mi pasado fue el comprender que quienes nos han hecho daño, a su vez fueron lastimados. Estamos atrapados en un círculo de maltrato, y muchas veces no sabemos cómo romperlo.

Esto significó un gran descubrimiento para mí, porque pude comprender que mi madre no sabía cómo hacer las cosas de un modo diferente; no se trataba de que yo tuviera algo negativo en mí que me hiciera merecedora de todo ese sufrimiento.

Comprender esto me permitió verla con los ojos de la compasión, y sobre todo, sentirme liberada de las cadenas del odio y el rencor; de no haber sido así, probablemente yo hubiera seguido sus pasos, pero tuve la dicha de poder descubrir esta verdad y manifestar un destino diferente para mí en mi vida y la de mis hijos.

15. Una llave mágica llamada PNL

"Nuestra mente contiene toda la sabiduría del Universo; sólo necesitamos aprender a escucharla..."

Margarita Arreola

Habiendo padecido tantos abusos y maltratos desde muy corta edad, mi cerebro estaba codificado para que yo misma me despreciara, y también para creer que cualquier persona que se acercase a mí haría lo mismo. Superar estas creencias no es una tarea fácil; hoy por hoy, aún tengo un largo camino por delante para deslastrarme de los años de violencia que dejaron su marca profunda en mí.

Una de las técnicas que me ha ayudado a mejorar ha sido la Programación Neuro Lingüística o PNL, como se le conoce por sus siglas. Esta técnica se fundamenta en el estudio del comportamiento del ser humano, permitiéndole comprender su individualidad, y de esta manera trazar un camino óptimo para lograr la excelencia personal.

En términos más sencillos, la PNL se dedica a estudiar la forma como los seres humanos alcanzamos nuestro mayor potencial, y para ello se basa en la experiencia de cada uno de nosotros como sujetos que generamos nuestro mundo emocional en base a la manera en que pensamos, y esto incluye por supuesto el sistema de creencias el que estamos envueltos.

Por lo general, las personas viven sin tener consciencia de la forma en la que están pensando, permitiendo a la mente tomar el control, lo cual resulta catastrófico cuando no hemos desarrollado una disciplina que nos permita revisar de qué manera vemos el mundo y por qué.

La unión de conceptos que han dado el nombre a la Programación Neuro Lingüística tienen que ver con la posibilidad de modificar y ajustar nuestros procesos mentales con la ayuda del lenguaje y los procesos de comunicación; es así como la conjunción de nuestras palabras, nuestros pensamientos y nuestras acciones, nos puede convertir en la mejor versión de nosotros mismos.

Nuestra vida y nuestras circunstancias son la suma de lo que hacemos (nuestra conducta y acciones), lo que nos motiva (los valores y creencias que nos impulsan a hacer algo), y de las capacidades que tenemos para llevarlo a cabo. En este sentido, la PNL fomenta el estudio de casos de excelencia, analizando la ruta que condujo a dicho resultado; dicho de otro modo, se trata de responder dos sencillas preguntas: ¿quiénes han triunfado en determinadas esferas y cómo lo han logrado?

Esto es lo que se conoce como "modelar la consciencia", y a mí en lo personal me parece un concepto fascinante, porque significa que nadie "es" de un modo único y definitivo, sino que somos maleables, y por lo tanto podemos realizar los cambios que sean necesarios para mejorar la forma en que vivimos.

La PNL nos enseña que es posible educarnos para pensar y sentir mejor, y de ese modo poder relacionarnos de una manera más sana y equilibrada con nosotros mismos, con nuestros semejantes y con el mundo alrededor; se trata de un conocimiento que es para la vida, y por lo tanto debería formar parte de los programas de estudio a todo nivel, pero el ser humano pretende colonizar el espacio sideral cuando aún no ha logrado comprenderse a sí mismo.

Una de las claves para entender la forma en que razonamos es reconocer que no todos vemos las cosas de la misma manera; en otras palabras, todos somos receptores de información, pero ella llega a nosotros y es procesada de acuerdo a las condiciones particulares de cada quien.

Algunas personas tienen una gran facilidad para generalizar; de esta manera pueden llegar a tener una visión integradora de las situaciones, aunque tal vez le resulte difícil poder fragmentarlas en detalles.

Otros tienden a distorsionar la información, modificando los datos reales para justificar un punto de vista negativo acerca de alguna situación. Y finalmente, hay quienes tienden a omitir parte de la información en base a algún interés, sea positivo o negativo.

El caso es que cualquiera de estas tendencias puede afectar la efectividad de la comunicación, impidiendo que cumpla con el objetivo de hacer que dos personalidades con historias y formas distintas de ver la vida, puedan comprenderse mutuamente.

En ese sentido, la verdadera comunicación es casi un proceso de traducción emocional: podemos hablar el mismo idioma, pero si no tenemos tolerancia y empatía, no lograremos comprendernos los unos a los otros, y es por ello que la PNL se preocupa por revisar hasta qué punto las cosas se están viendo, comprendiendo y comunicando de una forma correcta, verdadera y eficiente.

Otro aspecto que ha llamado poderosamente mi atención ha sido el tema de la comunicación no verbal; esto significa que el mensaje no está constituido únicamente por lo que decimos con nuestras palabras, sino que se complementa con lo que expresa nuestro cuerpo. Esto es muy importante, porque sin darnos cuenta podemos incluso estarnos contradiciendo: nuestras palabras pueden ir en un sentido, y nuestro lenguaje corporal por otro.

Somos como mensajes encriptados, y es apasionante descifrarnos paso a paso, logrando romper el círculo del maltrato gracias a la conciencia y al autoconocimiento.

Muchas veces pensé que mi vida no tenía remedio, y que jamás podría encontrar la paz en medio de tantos recuerdos y sensaciones dolorosas de mi pasado. Gracias a la Programación Neuro Lingüística he descubierto que se puede volver a empezar, que es posible aprender y desaprender cuantas veces sea necesario; este ha sido uno de los mayores logros para mí, porque las cosas no son de una determinada manera, sino que podemos encontrar otras formas de interpretarlas y convertirlas en herramientas para nuestro beneficio y el de los demás.

Además del mundo que nos rodea, lleno de sensaciones y estímulos, todos tenemos también un universo interior, compuesto de igual manera por sensaciones de todo tipo; sin embargo, la buena noticia es que podemos reorganizar nuestros elementos internos para que nos impulsen al logro de nuestros objetivos de forma más eficiente, en lugar de continuar limitados por las experiencias de nuestra vida que no logramos comprender ni superar.

A través de la Programación Neuro Lingüística aprendemos a entender nuestro cerebro como un computador al que se le introducen una serie de datos y comandos para que ejecute unas tareas determinada; de esta manera, también podemos corregir los comandos erróneos que se hayan introducido anteriormente y que estén dando como resultado un comportamiento contraproducente para llegar a la excelencia personal.

Para lograr esto, la PNL utiliza una serie de métodos; si bien algunos de ellos necesitan del acompañamiento de un profesional debido a su nivel de profundidad, existen otros más sencillos que puedes utilizar e tu comunicación cotidiana y que tendrán un impacto positivo en tu vida:

* El Ajuste

Cuando estamos interactuando con otras personas, además de nuestras palabras hay un discurso silencioso que se está generando a través de nuestro lenguaje corporal; de esa manera es posible darnos cuenta de una manera mucho más confiable de cómo se siente realmente nuestro interlocutor ante lo que nosotros estamos expresando: si le agrada, si está de acuerdo, o si más bien le incomoda o incluso le enfada. Decodificar de este modo las verdaderas emociones de los demás nos permite manejar nuestras estrategias de comunicación de una forma más asertiva.

- **Rapport**

El ser humano es de naturaleza social; esto quiere decir que nuestro estado de bienestar tiene mucho que ver con la manera como nos relacionamos con las personas a nuestro alrededor. El rapport es un vínculo que se crea con otra persona para garantizar la sensación de seguridad, confianza y tranquilidad, de forma que el constante intercambio de opiniones entre estas personas aumenta la seguridad en cada una, ya que aprenden a escuchar las críticas positivas con actitud receptiva, aumentando así su autoestima y mejorando cada día más.

Como la mayoría de las estrategias empleadas en la PNL, el rapport se basa en la decodificación del lenguaje corporal para establecer un ambiente de confianza entre las personas que se comunican.

El secreto de un rapport exitoso entre dos personas consiste en lograr descifrarse adecuadamente la una a la otra, generando una sinergia entre ambas, es decir, una sumatoria de sus potencialidades gracias a una conexión que genera confianza y receptividad.

- VAK

Cada persona percibe la realidad de una forma diferente, y prueba de ello es el éxito del modelo VAK, basado en la premisa de que todos tenemos un sentido predominante que determina cuál es nuestra forma de comunicarnos (Visual, Auditiva o Kinestésica).

Los individuos predominantemente visuales se caracterizan por preferir el contacto visual; son muy descriptivos y por lo general hablan rápido y con un tono de voz alto.

Las personas predominantemente auditivas suelen hablar despacio y en un tono de voz suave; de hecho, les incomodan los ruidos fuertes.

Las personas kinestésicas son más sensibles a las texturas y sensaciones percibidas a través del tacto; usan un tono de voz más suave y relajado, y se expresan usando referencias a sentimientos.

Todas las personas tenemos los tres tipos de percepción, pero desarrolladas en grados diferentes; lo que sí resulta fundamental es que una misma idea se puede comunicar con preponderancia visual, auditiva o kinestésica, y ese es el secreto del éxito, pues un mensaje efectivo es aquel que puede ser reforzado a través de todos los sentidos.

• **Intención Positiva**

El concepto de Intención Positiva fue uno de los que más me costó comprender; sin embargo, cuando entendí sus alcances comencé a ver la vida con otros ojos.

El principio de Intención Positiva consiste en entender que detrás de cada acción humana existe una motivación positiva, aun cuando el resultado de la acción pueda ser negativo; en otras palabras: cada individuo hace lo mejor que puede con las herramientas que tiene.

Cuando digo que me costó mucho entender este punto es porque al hacer un análisis de mi vida, no podía comprender cómo podía existir una intención positiva en situaciones que me hicieron tanto daño; sin embargo, el propósito de esta herramienta es generar empatía y comprender al otro y a nosotros mismos. No se trata de evadir responsabilidades o de perdonar automáticamente, sin pasar por un proceso de comprensión; al contrario, se trata de entender la intención que existe detrás de una acción que pudo haberse manifestado de una manera positiva o negativa.

Percibir cada intención positiva es un ejercicio constante que nos ayuda a valorar a los demás, e incluso a nosotros mismos, haciéndonos más compasivos y asertivos en nuestro accionar diario.

Al tener claro este concepto, también analizaremos si el mecanismo que utilizamos para manifestar nuestras intenciones es el más apropiado; por ejemplo: Yo deseo que mi hijo aprenda a fregar los platos cada vez que come algo; mi intención allí es que él se haga independiente y colabore con las labores de la casa para que todos podamos vivir en armonía y tener más tiempo para disfrutar en familia. Si esa es mi intención, mi accionar no puede venir desde la represión, el castigo o cualquier otra forma agresiva, porque voy a crear un refuerzo negativo a la hora de fregar platos, así como también al tiempo y personas que giran alrededor de esa tarea.

- **Individualidad**

Cada ser humano posee características únicas que lo forman como persona. Podríamos hacer un experimento y poner a tres personas en la misma situación y probablemente cada una de ellas reaccione de manera distinta. No importa si la situación es positiva o negativa, el conjunto de características que conforman al individuo lo impulsará a actuar de una manera determinada y distinta a los demás. A través de la PNL, se insta a explorar la individualidad para profundizar en el autoconocimiento y de esta manera actuar de una manera más inteligente, asertiva y coherente con la intención detrás de la acción.

* **Flexibilidad**

Trabajar en tu flexibilidad como individuo en pensamiento, acción y comportamiento te permitirá adaptarte a los cambios que puedan ocurrir en tu entorno, sin perder el objetivo principal que te hayas trazado.

No se trata de no tener una personalidad definida; al contrario, se trata de tener presente tus capacidades, debilidades y fortalezas en todo momento, y así sacarles provecho en tu camino a la excelencia personal.

La PNL se basa en el principio de que la mente y el cuerpo son uno solo; no actúan por separado, y por tanto, lo que ocurre en tu interior se manifiesta en el mundo exterior y viceversa. Por ello, nos invita a compaginar nuestras decisiones con los objetivos y metas que nos trazamos, para que cada día nuestra vida sea más plena, equilibrada y nuestro accionar sea más asertivo y alineado con nuestras intenciones.

16. Aceptación, la clave de la felicidad

"Todo el sufrimiento ocurre por una razón.
No le huyas al dolor:
más bien procura develar su misterio"

Margarita Arreola

Al igual que yo, seguramente habrás leído o escuchado alguna vez que *Dios da sus batallas más difíciles a sus mejores guerreros*; para ser sincera, a mí esto me sonaba a una frase prefabricada; una serie de palabras que realmente no me decía nada, o en el mejor de los casos, una broma de mal gusto; sin embargo, en la actualidad lo veo de una manera totalmente diferente.

Me siento afortunada de haber podido convertir mi pasado en un aprendizaje y lograr mirarlo desde de mi paz interior, sin revivir las sensaciones de rabia, dolor y sufrimiento que me provocaban esos recuerdos; hoy puedo entender que todas las pruebas a las que me enfrenté y superé me trajeron hasta el punto en el que ahora estoy.

Hay muchas personas que pretenden que su vida sea sólo felicidad, felicidad y más felicidad; no se trata de ser pesimista, pero déjenme decirles que eso no es posible: una vida así carece de sentido, porque no hay espacio para el crecimiento, el autoconocimiento y la superación de desafíos. Y no, no se trata de que tengamos que vivir en el sufrimiento constante, pero la felicidad implica comprender todas las dimensiones de una situación y, sobre todo, ser conscientes sobre el lugar en el que nos ubicamos con respecto a cada una de ellas.

En otras palabras, necesitamos tomar conciencia de la realidad, y sé que esto puede resultar algo bien difícil y complejo; sin embargo, auto-engañarnos es mucho peor y no sirve de nada, pues tarde o temprano la verdad vendrá a tomar su lugar.

Reconocer la realidad significa no hacerle resistencia a lo que no podemos cambiar; sin embargo, nuestra actitud ante lo inevitable puede hacer una gran diferencia, bien sea que nos ubiquemos en el lado de la aceptación o el de la resignación.

Aceptación implica comprender la circunstancia en la que nos encontramos y entender que es una oportunidad para ahondar en nuestro autoconocimiento, poniendo a prueba nuestras capacidades para hacer frente a dicha realidad.

En cambio, la resignación consiste en eliminar toda capacidad de acción sobre un suceso, y es por eso que resignarse siempre es la mejor manera de enfrentar el luto, pues la muerte es lo único que no tiene solución en este mundo, y es precisamente por eso que no tiene sentido negarnos a aceptarla.

En cambio, cualquier otra circunstancia, sin importar su magnitud, puede ser enfrentada a través de distintas acciones para convertirla en una situación positiva, pero para poder hacerlo es necesario comenzar por aceptarla, con sinceridad y valentía, sin importar cuán incómoda, dura o dolorosa pueda resultar. Este es el primer paso para la comprensión y el cambio.

Comprender que no podía cambiar mi pasado, pero que aceptándolo podía ser la creadora de mi futuro, fue el inicio de mi camino a la sanación; sin embargo, aunque es algo que se puede decir muy fácil, en realidad me tomó mucho tiempo asimilarlo con la profundidad y sabiduría que amerita.

Cuando comenzamos a trabajar conscientemente nuestros traumas, comenzamos a ver los patrones que se repiten en nuestras vidas, ya sean de comportamientos o de circunstancias que adoptamos como zonas de seguridad, y podemos comenzar a romperlos.

En mi caso particular, me tomó tiempo darme cuenta de que yo era una persona insegura, sumisa y dependiente, y que en el fondo latía en mí un deseo de libertad, pero yo no tenía herramientas para entender lo que eso significaba, y lo interpretaba como miedo... miedo exigir respeto y a ser independiente. Simplemente, a lo largo de mi vida nunca tuve la posibilidad de descubrir qué era lo que yo deseaba, lo que me hacía feliz; lo que mejor conocía era la zozobra, el juicio y la descalificación, y por eso yo misma me expuse constantemente a situaciones riesgosas para mi integridad, pues a pesar del sufrimiento que me provocaban, también me daban la "seguridad" de sentirme en mi zona de confort.

Luego de aceptar y entender todo esto, tuve que trabajar para liberarme de la culpa que me producía el querer algo mejor para mí; tuve que aceptar que eso no significaba que yo estuviera siendo egoísta, sino que, por el contrario, al satisfacerlo podría dar lo mejor de mí a la humanidad y sobre todo, a lo más importante para mí: mis tres amados hijos.

En realidad, todos y cada uno de nosotros somos merecedores de todo lo mejor, de toda la felicidad; aceptar nuestra condición de humanos, aceptar que por esta razón somos frágiles y podemos errar, aceptar que el dolor es una parte inevitable de nuestra vida, aceptar que la perfección no existe, aceptar que no debemos cargar con culpas ajenas y, sobre todo, aceptar que la felicidad está al alcance de todos y que no podemos ni debemos sentirnos culpables por aspirar a obtenerla, son mis consejos para ti.

Somos reflejo de la perfección de Dios, y por lo tanto es así como debemos tratarnos a nosotros mismos; no debemos dañarnos, ni permitir que nos dañen, pero no por soberbia, sino por la consciencia de que todos somos una obra preciosa del Creador de Todo lo que Existe.

Esta vida no es un campamento vacacional, sino un campo de entrenamiento en el que podemos aprender a superar nuestras debilidades para acercarnos lo más posible al modelo de perfección que heredamos de nuestro Padre Celestial; no te asustes ni te desesperes ante las pruebas: recuerda que están hechas a tu medida, y si mantienes la calma, te aseguro que vas a encontrar la manera de superarlas.

No existe ninguna circunstancia, por grave, cruel, dolorosa, intensa o larga que sea, que no puedas vencer. Si te encuentras sumergido en una situación difícil, hay una gran razón para que estés allí, y es para que te descubras a ti mismo y lleves tus capacidades al límite, demostrándote de lo que eres capaz al poner de manifiesto esa semilla de divinidad que tienes por dentro.

17. ¿Perdonar, olvidar o sanar?

*"El ser humano es el único capaz
de dar el salto cuántico
hacia su propia transformación"*

Margarita Arreola

La tentación de olvidar todo lo que nos ha hecho daño es muy grande, pero ¿cuánto de nuestras vidas eliminaríamos si eso sucediera? Probablemente no nos quedaría mucho, porque esas circunstancias no se tratan sólo del momento en que las sufrimos, sino de todo el aprendizaje que nos han dejado.

Anteriormente te hablé de la aceptación; ahora quiero hablarte de su hermano mayor, una figura tan importante y necesaria en nuestra vida, como lo es el perdón.

Cuando hablamos de perdonar hablamos de aceptar un suceso que nos hizo daño de alguna manera, el cual hemos logrado comprender sin indignarnos nuevamente al recordarlo y sin cultivar resentimientos a partir de él. La capacidad de perdonar es también un ejercicio constante, pues como seres humanos somos frágiles, sensibles, susceptibles y emocionales, y por ello es muy fácil arrastrar la carga emocional del pasado al presente, permitiendo que esto afecte nuestras vidas de múltiples maneras.

Es verdad que las personas a quienes perdonamos deberían ser capaces de arrepentirse por el daño que nos han infligido, pero esto no siempre es posible. A veces, sencillamente no son capaces de ver la magnitud de sus acciones, e incluso pueden llegar a justificarlas basadas en su percepción de la vida. Algunas pueden fallecer antes de que nuestro proceso de perdón se inicie; sin embargo, ninguna de estas circunstancias debe limitar nuestra capacidad de perdón.

Ciertamente, el arrepentimiento del otro ayuda mucho, y también acelera el proceso de perdón, pues el reconocimiento de la responsabilidad nos hace sentir conectados con los demás activando los procesos de empatía. Sin embargo, no podemos condicionar el perdón al hecho de que esto suceda, porque en la mayoría de los casos no ocurre.

Te pongo como ejemplo el caso de mi madre. Yo he tenido poca comunicación con ella; la verdad es que fue muy doloroso todo lo que viví a su lado, y más aún el darme cuenta de que ella no siente ni un ápice de arrepentimiento con respecto a lo sucedido.

Sin embargo, si yo no la perdonaba por todo el daño que me hizo, cuando incluso me llevó al borde de la muerte, mi vida no podría haber mejorado de ninguna manera, puesto que aun cargaría conmigo el peso del resentimiento, y eso me hubiese hecho una persona amargada, resentida y que estuviese siempre a la defensiva.

Por fortuna, logré darme cuenta a tiempo y evitar que mi vida cayera en el foso oscuro y sin fondo del rencor y el deseo de venganza. Actualmente mi vida es plena y feliz, y esto se debe en gran parte a que puedo recordar muchos hechos con bastante distancia emocional, sin tener que revivir la misma ira y coraje que sentía en esos momentos.

No voy a negar que a algunas de esas cosas todavía me afectan; a veces tengo pesadillas con ciertos episodios, pero eso no me detiene; aquí sigo, trabajando sin descanso en mi sanación.

El perdón no es algo que debemos dar sólo a los demás, sino que debemos practicarlo también con nosotros mismos, y es un ejercicio diario. A veces arrastramos grandes culpas, por no haber frenado una situación que nos hacía daño, por permitir durante demasiado tiempo que sucediera, por no habernos ido de un lugar o relación que nos pudo haber afectado de manera negativa, por haber cedido a los deseos de otros antes que a los nuestros... Pero también existen pequeñas culpas, las que nos afectan diariamente pero que causan un efecto "bola de nieve", porque no somos compasivos con nosotros mismos.

Podemos sentirnos culpables por haber dormido unos minutos más en la mañana, por no haber fregado los platos los platos de la cena, por gastar dinero en algo que estaba fuera del presupuesto...

Podría ser cualquier pequeño placer momentáneo que posteriormente nos genere un sentimiento de culpa y arrepentimiento; esto suele pasar, y hace que no vivamos plenamente nuestro día a día. Tampoco se trata de tener un comportamiento indulgente, sin estructura ni propósito, sino de aceptarnos y comprender cuáles de las creencias que tenemos hacen que se manifiestan esas sensaciones de culpa.

Encontrar ese equilibrio es vital para que no asociamos los momentos de descanso, recompensa y satisfacción con sensaciones de culpa injustificadas.

La sanación es un proceso que te devolverá la alegría, pero para que esto sea posible debes comenzar por identificar cuales heridas del pasado afectan tu comportamiento o dificultan el desarrollo de tu vida cotidiana; esta primera parte puede ser difícil y tomar bastante tiempo, pero es necesaria para que puedas implementar cambios beneficiosos en tu vida.

A partir de allí, puedes escoger qué tipo de red de apoyo y metodología se adaptan más a tu individualidad para sanar el daño al que te has expuesto. En mi caso, acercarme a la Iglesia fue fundamental, y si bien en algunos momentos de mi vida la usé como escapatoria y refugio, en la actualidad debo decir que al entender de qué se trataba y al conocer a las personas que frecuentaban el mismo espacio que yo, logré entender muchas cosas de mí misma que han sido vitales en mi recuperación.

En este proceso también me he nutrido de la Programación Neuro Lingüística, que me ayuda a eliminar todos esos condicionamientos que me empequeñecían; tú puedes escoger los métodos que mejor resuenen contigo para crear tu propio camino.

El olvido vinculado al perdón no significa borrar de la memoria los sucesos dolorosos, sino hacernos conscientes de las emociones que giran en torno a esos recuerdos. No podemos borrar el pasado, pero si hay que tomar distancia emocional de él y entender que en ese momento necesitábamos ese aprendizaje para crecer como individuos, aunque nos haya causado daños emocionales.

Por eso, la pregunta que se plantea en el título de este capítulo: ¿Perdonar, olvidar o sanar?, se convierte en su propia respuesta: Perdonar, olvidar y sanar...

Sentirse amado y aceptado es una cuestión vital para que cualquier ser humano tenga un mínimo de autoestima y pueda sentirse y verse a sí mismo como una persona. Yo pasé años sin que nadie me valorara, me apreciara ni me diera ninguna muestra de cariño, y eso influyó negativamente en mí.

Existen momentos en la vida en que podemos estar solos, por las razones que sean, y no podemos contar con el apoyo de otra persona. Si este es tu caso, te invito a hacer el siguiente ejercicio:

Párate frente a un espejo, preferiblemente completo, pero si no tienes, con uno para tu rostro será suficiente. Obsérvate con detenimiento, detalla cada una de las partes de tu cuerpo y rostro, obsérvalas sin juicio y detalla sus particularidades. Tal vez encuentres tus orejas muy grandes en relación a tu cabeza, un torso asimétrico, un abdomen voluminoso por falta de ejercicio o mala alimentación, un cabello sano y lustroso...

Cuando detalles cada una de las partes de tu cuerpo, es muy probable que te centres en aquellas que te desagradan, pero no importa, lo que vas a hacer es decirle a cada una de ellas *te amo*, no importa si es una parte de la que te sientes orgulloso o de la que te sientes avergonzado, lo importante es que hagas este ejercicio de amarlas sin juicio.:

Te amo nariz, porque me permites respirar y percibir el mundo

a través del sentido del olfato.

Te amo boca, porque me permites expresar lo que siento, comunicarme con los demás, ingerir alimentos y bebidas que nutren mi cuerpo e incluso, callar cuando debo hacerlo...

Esta es una de las tantas maneras que tenemos de ir creando en nosotros mismos una estima saludable, aumentando nuestra confianza y valorándonos como individuos.

Este mismo ejercicio lo puedes hacer diciéndote a ti mismo: *Te perdono,* cuando pensamientos de culpa y ansiedad te asalten por sorpresa:

Te perdono por levantarte tarde pues comprendo que necesitabas más tiempo de descanso para tener un día más óptimo y eficiente. Te perdono por tu indulgencia, pues comprendo que tu esfuerzo debe ser recompensado de alguna manera...

Si haces este ejercicio durante algunos minutos todos los días, te aseguro que en poco tiempo verás en ti un crecimiento exponencial que se traducirá en felicidad y armonía en tu día a día. Es importante que lo hagas con constancia, para que puedas crear un hábito que además te ayudará a identificar momentos y situaciones donde tú mismo puedes colocarte en una posición nociva para tu bienestar.

18. No es un adiós; es un hasta luego…

"Gracias a la vida,
por mostrarme todo de lo que soy capaz"

Margarita Arreola

En este libro te he contado las experiencias que me marcaron profundamente; hoy por hoy, agradezco poder hacerlo desde la paz de mi corazón, donde esos recuerdos ya no me afectan emocionalmente ni interfieren en mi vida.

Ahora que la veo desde mi adultez, siento mucha ternura por esa niña; de alguna manera me gustaría viajar en el tiempo y poder protegerla, aunque sé que ya no puedo hacerlo; sin embargo, ahora sé que ella necesitaba vivir esas experiencias para crecer como persona, a pesar de su corta edad.

Aún tengo muchas vivencias que contarte; sin embargo, en este primer libro que hoy comparto contigo, quise centrarme en mi infancia y cómo me afectó la relación con mi madre durante toda mi vida.

Más que un libro, espero que este texto te haya servido como un espejo, no ese donde vemos nuestras virtudes y nos regodeamos en ellas, sino otro; uno donde puedas ver cómo te han afectado a ti tus propias experiencias, sobre todo las que enfrentaste durante la infancia, y que además puedas sentir orgullo por cómo lograste superarlas.

Si estás atravesando un momento difícil, también espero que este pequeño espejo te sirva como ejemplo de que a pesar de lo oscura y difícil que parezca una situación, siempre hay una salida; sólo necesitas tener fe en Dios y en ti, y seguir adelante.

Antes de despedirme, quiero invitarte a que pienses en que experiencias de tu propia vida han forjado tu carácter y te han hecho una mejor persona. A veces no vemos la relación directa entre una situación y una forma de actuar determinada, pero este ejercicio es sumamente necesario para comprendernos, aceptarnos y amarnos.

Nuestra mente es la encargada de crear las experiencias necesarias para nuestro desarrollo como individuos; por eso es que muchas veces, de forma consciente o inconsciente, repetimos patrones. En la medida en que veamos cómo nuestros comportamientos se relacionan con experiencias pasadas, ya sean agradables o desagradables, podremos levantar la mirada y alejar nuestro cuerpo de las espinas, para comenzar a disfrutar de las fragancias que nos ofrece este camino de rosas que es la vida.

Acerca de la Autora

Margarita Arreola es una empresaria y emprendedora nacida en Michoacán-México, el 10 de febrero de 1987, residenciada actualmente en Utah- USA, donde se desenvuelve en el área del Coaching, Programación Neuro Lingüística (PNL), Biodescodificación y Mindfullnes.

A pesar de haber tenido una infancia no muy feliz, Margarita no se detiene hasta ver realizados sus sueños. Su deseo de superación le permitió descubrir el inmenso poder de la mente humana, y después de muchos años y esfuerzo de su parte, aprendió la lección más importante de su vida: *nadie sabe tu valor si no eres capaz de reconocértelo tú primero.*

Es madre soltera de 3 hijos; alegre, siempre optimista, le encanta disfrutar de los pequeños detalles de la vida; le apasionan la lectura, la música y el baile; disfruta de la naturaleza y sus paisajes, apoya al prójimo y celebra el éxito de los demás.

www.ingramcontent.com/pod-product-compliance
Lightning Source LLC
Chambersburg PA
CBHW021235090426
42740CB00006B/544